MARÍA TERESA FERNÁNDEZ SÁNCHEZ

¡JUGUEMOS TODOS A CONOCERNOS!

(Juegos de presentación para utilizar en todas las áreas de 1er. y 2º ciclo de Primaria)

WANCEULEN
educación

Título: ¡JUGUEMOS TODOS A CONOCERNOS! Juegos de presentación para utilizar en todas las áreas de 1er. y 2º ciclo de Primaria.

Autora: MARÍA TERESA FERNÁNDEZ SÁNCHEZ

Diseño de cubierta: Fernando G. Mancha

Editorial: WANCEULEN EDITORIAL S.L.
C/ Cristo del Desamparo y Abandono, 56   41006 SEVILLA
Tlfs.: 954656661 y 954921511
www.wanceulen.com   infoeditorial@wanceulen.com

ISBN: 978-84-9993-238-5

Dep. Legal:
©Copyright: WANCEULEN EDITORIAL DEPORTIVA, S.L.
Primera Edición: Año 2012
Impreso en España: Publidisa

Reservados todos los derechos. Queda prohibido reproducir, almacenar en sistemas de recuperación de la información y transmitir parte alguna de esta publicación, cualquiera que sea el medio empleado (electrónico, mecánico, fotocopia, impresión, grabación, etc), sin el permiso de los titulares de los derechos de propiedad intelectual. Cualquier forma de reproducción, distribución, comunicación pública o transformación de esta obra solo puede ser realizada con la autorización de sus titulares, salvo excepción prevista por la ley. Diríjase a CEDRO (Centro Español de Derechos Reprográficos, www.cedro.org) si necesita fotocopiar o escanear algún fragmento de esta obra.

A mi hija María y a mis padres Manuel y María

ÍNDICE

1. Introducción 9
2. Concepto de juego 11
3. Características del juego 12
4. Las funciones del juego 14
5. Clasificaciones de los juegos 15
6. El juego en el contexto de la Educación Física 17
7. Contribución del área al desarrollo de las competencias básicas 18
8. La actuación del docente ante el juego 20
9. Juegos de presentación 21
    9.1. Juegos sin materiales 22
    9.2. Juegos con bancos suecos y sillas 37
    9.3. Juegos con materiales diversos 39
    9.4. Juegos con pelotas 50
    9.5. Juegos con lápices, bolígrafos, papel. 54
    9.6. Juegos con globos 61
    9.7. Juegos con pañuelos y cintas. 62
    9.8. Juegos con aros 65
    9.9. Juegos con picas. 67
10. Conclusiones sobre los juegos 68
11. Bibliografía 69

1.- INTRODUCCIÓN

Los juegos de presentación son los que se emplean principalmente para que los niños se conozcan y aprendan los nombres de sus compañeros de forma amena y divertida. Para ello, estos juegos son una herramienta imprescindible en la asignatura de educación física, a través de estos juegos podemos promover las relaciones entre alumnos y de esta forma conseguir más fácilmente los objetivos actitudinales contemplados en el sistema educativo, -que tan difíciles son de alcanzar- dadas las pocas situaciones que el actual sistema educativo brinda en el entono en que se desenvuelven a los niños.

Por otra parte, estos juegos sirven como herramienta para estimular a los niños que son más tímidos y que les cuesta más trabajo relacionarse con los demás, siendo importante para el desarrollo psicomotor, intelectual, afectivo y social del niño.

La práctica de los juegos de presentación favorece el desarrollo de hábitos de cooperación, convivencia así como promueve las relaciones entre niños que no se conocen, es decir, lo que vulgarmente conocemos como "romper el hielo" este paso es fundamental para el desarrollo de actividades posteriores, impulsará el funcionamiento de la clase y creará un ambiente más distendido.

Es importante comentar acerca de los juegos de presentación una característica importante, que en estos juegos todos los alumnos participan, ninguno sobra, ni queda eliminado, así se cumple el principio de actividad que toda clase de Educación Física conlleva, como tampoco contemplan competición donde el resultado es lo de menos, consiguiendo crear un clima de integración en todo momento. Todos alumnos deben de tener la oportunidad de practicar la actividad o juego propuesto, todos son protagonistas. No obstante, habrá juegos que requieran la participación de algún voluntario/s para iniciarlo, lo que logramos es que cada niño tenga su momento en la ejecución del juego.

En este periodo educativo es necesario que el animador cree un clima de aceptación, cercanía, alegría; inicie un proceso de conocimiento mutuo; posibilite la relación de todos con todos creando una corriente afectiva, evitando así los "cortes" que inhiban la expresión personal.

Planteamos con este libro tener en cuenta:

→ Que el juego proporciona nuevas formas de explorar la realidad, y estrategias diferentes para trabajar.

→ Que las reglas que la sociedad plantea, sean asumidas con mayor consideración por los niños, beneficiando esta actitud en su comportamiento.

→ Permiten a los educandos desarrollar su imaginación, pensar en numerosas alternativas para un problema, descubrir diferentes formas y estilos de pensamiento.

→ Favorecen el cambio de conducta con una mayor implicación e intercambio grupal.

→ Rescata la imaginación, la fantasía, y surge en los adultos el espíritu infantil, lo que permite que surja nuevamente la curiosidad, el encanto, el asombro, lo espontáneo y sobre todo lo autentico en el momento en que las situaciones se presentan.

Por lo que este libro pretende cumplir varios objetivos:

1. Presentar una serie de juegos dedicado a las diferentes etapas de primaria, y su aplicación en las clases de Educación Física para que sean más lúdicas al mismo tiempo que hacen ejercicio.
2. Que sirva como ayuda y orientación en la enseñanza haciéndola más atractiva a través de la selección de estos juegos presentados.
3. Para todas las personas que tengan problemas para exteriorizar sentimientos y lograr con ello una mayor comunicación.

La presentación de estos juegos, ayudaran a los profesionales de la Educación que a través de su práctica los niños desarrollen habilidades y destrezas, teniendo como objetivo general en todos ellos promover las relaciones entre los alumnos de forma que cada uno tenga la oportunidad de integrarse con el resto de sus compañeros de forma divertida, dándoles la oportunidad de crear al tiempo que juega, descubre, y conocer a los demás y a su entorno.

2.-CONCEPTO DE JUEGO

Todos nosotros hemos aprendido a relacionarnos con nuestro ámbito familiar, material, social y cultural a través del juego. Podemos decir que el juego es algo inherente al ser humano. El juego, como cualquier realidad sociocultural, es imposible de definir en términos absolutos, y por ello las definiciones describen algunas de sus características. Entre las conceptualizaciones más conocidas apuntamos las siguientes:

Huizinga (1987): *El juego es una acción u ocupación libre, que se desarrolla dentro de unos límites temporales y espaciales determinados, según reglas absolutamente obligatorias, aunque libremente aceptadas, acción que tiene fin en sí misma y va acompañada de un sentimiento de tensión y alegría y de la conciencia de -ser de otro modo- que en la vida corriente.*

Gutton, P (1982): Es una forma privilegiada de expresión infantil.

Según la declaración de los derechos del niño, adoptada en la asamblea general de la ONU: *el niño debe disfrutar plenamente de juegos y recreaciones los cuales deberán estar orientados hacia los fines perseguidos por la educación; la sociedad y las autoridades públicas se esforzaran por promover el goce de este derecho.*

RAE: *Ejercicio recreativo sometido a reglas en el cual se gana o se pierde*

3.- CARACTERÍSTICAS DEL JUEGO

Como hemos dicho anteriormente, el juego en educación física adquiere un significado e importancia especial así que no todos los juegos son apropiados para realizarlos en las horas de clase. A continuación, vamos a enumerar las características que debe tener todo juego como contenido de educación física:

- Su principal objetivo debe ser la diversión y el entretenimiento. Todo juego en educación física debe aportar al alumno placer por la actividad realizada. Ningún ejercicio puede dejar de ser placentero y gratificante. No debemos de caer nunca en la rutina o en la realización mecánica de una serie de actividades.
- Puede responder a otros intereses que no contradigan el fin original. Como acabamos de comentar, el único fin que puede tener el juego para el niño es el de entretenerse y divertirse pero esto no quita para que el profesor, a su vez, busque con su realización otras finalidades distintas, como desarrollar y mejorar sus habilidades básicas, promover el trabajo y la integración en grupo, etc....
- Debe de ser una actividad libremente asumida por el alumno: en ningún caso, el alumno debe ser obligado a realizar una determinada tarea porque, en ese caso, se perdería la naturaleza del juego y su finalidad. El hecho de que el profesor proponga un juego o intervenga en algunas fases del mismo, no limita la libertad del alumno para que pueda expresarse con total autonomía y espontaneidad.
- Debe de ser independiente del resto de las actividades escolares: tanto el espacio como el tiempo debe ser organizado previamente. Así el niño tiene la sensación de estar participando en un juego ya que se realiza de forma diferente a como se imparten el resto de las materias.
- Debe ser incierto: esto es, promover con ello la iniciativa del jugador para que investigue y recree su forma de actuar. Si dejamos libertad al niño de actuar libremente, el resultado del juego siempre será distinto ya que dependerá de las acciones de los participantes. Esta sensación de incertidumbre crea tensión ya que no se sabe si habrá éxito o fracaso.
- Debe ser improductivo: es decir, el profesor debe de dejar siempre claro que el hecho de ganar o perder no tiene ninguna trascendencia.

- Debe ser ficticio: los alumnos deben de tener presente que todo juego no trasciende más allá del momento en el que se realiza. No tiene consecuencias en la vida real, pues jugando sólo se simulan acciones de la vida real pero éstas no acarrean ninguna consecuencia.
- Poseen códigos de tipo moral que contienen diversas formas de regulación de sus propias relaciones. Llegados a este punto, cabe destacar la diferencia existente entre juego y deporte ya que en éste último se hace uso de reglas sancionadoras para castigar las malas acciones.

Estas son las principales diferencias entre JUEGO Y DEPORTE:

JUEGO	DEPORTE
No está reglado externamente y en el juego libre no existe la regla.	Está reglado externamente.
Es libre y voluntario	No es libre ni voluntario.
La competición no es el objetivo principal.	La competición es el fin.
Gratificación y motivación interna.	Gratificación y motivación interna (a veces) y externa (siempre).
El fin es el propio juego.	El fin es ganar o perder.
Sigue la estrategia del gana-gana.	Sigue la estrategia del gana-pierde.

4- LAS FUNCIONES DEL JUEGO

Algunas de las funciones de los juegos son las siguientes[1]:
- El juego activa y estructura las relaciones humanas.
- En el juego las personas se conectan mucho más allá de los perjuicios y los estereotipos. Diversos autores coinciden en que el individuo logra relaciones más saludables en ambientes lúdicos.
- El juego actúa continuadamente sobre la psique del niño, equilibrándola.
- El juego es de forma natural un autorregulador de tensiones y relajaciones. Quien está tenso logrará relajarse y quien está relajado logrará activarse.
- El juego es considerado como un medio fundamental para la estructuración del lenguaje.
- El juego estimula en la vida del individuo una altísima acción relajante.
- El juego permite una evasión saludable de la realidad cotidiana.
- El juego recupera escenas lúdicas pasadas, junto con el clima de libertad en que ellas transcurrieron.
- El juego posibilita aprendizajes de fuerte significación. Reduce la sensación de gravedad frente a errores y fracasos.
- El juego reactiva en las personas aquellas posibilidades e impulsos que están como dormidos y que a veces no se sospecha que van a aparecer. En este clima de libertad, de placer y de diversión que se genera se arrastran conflictos y aparece lo más auténtico de la persona.
- "El juego desarrolla la creatividad y la competencia intelectual. También hábitos de estar a gusto"[2].
- "El ser humano aprende, mientras 'juega', a desarrollar y a utilizar uno de los mecanismos fundamentales de la actividad dinámica de la actividad cerebral"[3].
- El juego tiene una función socializadora en el niño el cual pasa de un periodo donde se ve a sí mismo como el centro de todo a otro más realista ya que forma parte de un conjunto donde se trabaja en grupo.

Por tanto, podemos afirmar que el juego libre liberaliza, el juego orientado ayuda a esa liberación y el juego reglamentado exteriormente no es juego.

---

[1] Cañeque, H; El juego del juego, El Ateneo, Buenos Aires, 1991, p.62-65 / Garvey, C; El juego infantil, Morata, Madrid, 1985, p.14)).
[2] Moyles, J.R; El juego en la educación infantil y primaria, MEC-Morata, Madrid, 1990, p.21.
[3] Moya Trilla, J; "el juego como función neurofisiológica y como vía del desarrollo humano y de la integración" p.167, en Tripero, A; Juegos, juguetes y ludotecas, Pablo Montesino, Madrid, 1991.

5.- CLASIFICACIÓN DE LOS JUEGOS

Las funciones del juego han dado a lugar a diversas teorías tratando de buscarle un significado al juego. Ninguna teoría por sí sola puede explicar el por qué del juego puesto que el juego tiene la explicación en sí mismo. El sentido del juego, empieza y acaba dentro del juego, no se puede buscar una explicación al juego fuera de sí mismo. El juego tiene el fin en sí mismo.

Lo mismo ocurre con las clasificaciones de los juegos. Cada autor, en su obra, presenta una nueva clasificación de juego en función del objeto de clasificación. A continuación proponemos unas de las clasificaciones de juegos:

EN FUNCIÓN DE LA PARTICIPACIÓN Y COMUNICACIÓN:

- Juegos individuales o de autosuperación.
- Juegos de oposición.
- Juegos cooperativos.
- Juegos de cooperación.
- Juegos de cooperación / oposición.

EN FUNCIÓN DE LA COMPLEJIDAD DE LA TAREA Y DE LA PROGRESIÓN DE LA SITUACIÓN MOTRIZ:

- Juegos genéricos
- Juegos específicos
- Juegos adaptados o reducidos
- Juegos deportivos

EN FUNCIÓN DE LA ETAPA EVOLUTIVA:

- Juegos infantiles
- Juegos de jóvenes
- Juegos de adultos

EN FUNCIÓN DE LA SITUACIÓN MOTRIZ:

- Juegos con situación motriz
- Juegos sin situación motriz

EN FUNCIÓN DE LA DINÁMICA DE GRUPO:

- *Juegos de presentación*
- Juegos de simulación
- Juegos de cooperación
- Juegos de resolución de conflictos

En esta última clasificación nos encontramos con el tipo de juegos en el que nos centraremos en nuestro trabajo.

6.- EL JUEGO EN EL CONTEXTO DE LA EDUCACIÓN FÍSICA

Situando el juego en la educación física, esta adquiere gran importancia ya que es el bloque donde se aplican los diversos contenidos de la Educación Física. Según el MEC, el juego es "el mejor medio de globalizar e interrelacionar contenidos de la propia Educación Física y de ésta con otras áreas".

Los juegos son una forma organizada de la actividad motriz que evoluciona a lo largo de las diversas etapas de la educación desde las formas más espontáneas hacia unas más

Además de que el juego se considera como un objetivo en sí mismo, se utiliza como recurso metodológico en la medida que asegura la relación de las actividades con la vida real del alumno, facilita la construcción de aprendizajes significativos, potencia el interés espontáneo del alumno, etc. Pero en este ámbito, el juego no es sólo un principio metodológico sino es fundamentalmente un contenido que encuentra plena justificación en sí mismo.

7.-CONTRIBUCIÓN DEL ÁREA DE EDUCACIÓN FÍSICA AL DESARROLLO DE LAS COMPETENCIAS BÁSICAS

El área de Educación física contribuye esencialmente al desarrollo de la competencia en el conocimiento y la interacción con el mundo físico, mediante la percepción e interacción apropiada del propio cuerpo, en movimiento o en reposo, en un espacio determinado mejorando sus posibilidades motrices. Se contribuye también mediante el conocimiento, la práctica y la valoración de la actividad física como elemento indispensable para preservar la salud. Esta área es clave para que niños y niñas adquieran hábitos saludables y de mejora y mantenimiento de la condición física que les acompañen durante la escolaridad y lo que es más importante, a lo largo de la vida.

En la sociedad actual que progresa hacia la optimización del esfuerzo intelectual y físico, se hace imprescindible la práctica de la actividad física, pero sobre todo su aprendizaje y valoración como medio de equilibrio psicofísico, como factor de prevención de riesgos derivados del sedentarismo y, también, como alternativa de ocupación del tiempo de ocio.

Asimismo el área contribuye de forma esencial al desarrollo de la competencia social y ciudadana. Las características de la Educación física, sobre todo las relativas al entorno en el que se desarrolla y a la dinámica de las clases, la hacen propicia para la educación de habilidades sociales, cuando la intervención educativa incide en este aspecto. Las actividades físicas y en especial las que se realizan colectivamente son un medio eficaz para facilitar la relación, la integración y el respeto, a la vez que contribuyen al desarrollo de la cooperación y la solidaridad.

La educación física ayuda a aprender a convivir, fundamentalmente en lo que se refiere a la elaboración y aceptación de reglas para el funcionamiento colectivo, desde el respeto a la autonomía personal, la participación y la valoración de la diversidad. Las actividades dirigidas a la adquisición de las habilidades motrices requieren la capacidad de asumir las diferencias así como las posibilidades y limitaciones propias y ajenas. El cumplimiento de las normas que rigen los juegos colabora en la aceptación de códigos de conducta para la convivencia. Las actividades físicas competitivas pueden generar conflictos en los que es necesaria la negociación, basada en el diálogo, como medio para su resolución. Finalmente, cabe destacar que se contribuye a conocer la riqueza cultural, mediante la práctica de diferentes juegos y danzas.

Esta área contribuye en alguna medida a la adquisición de la competencia cultural y artística. A la expresión de ideas o sentimientos de forma creativa contribuye mediante la exploración y utilización de las posibilidades y recursos del cuerpo y del movimiento. A la apreciación y comprensión del hecho cultural, y a la valoración de su diversidad, lo hace mediante el reconocimiento y la apreciación de las manifestaciones culturales específicas de la motricidad humana, tales como los deportes, los juegos tradicionales, las actividades expresivas o la danza y su consideración como patrimonio de los pueblos.

En otro sentido, el área favorece un acercamiento al fenómeno deportivo como espectáculo mediante el análisis y la reflexión crítica ante la violencia en el deporte u otras situaciones contrarias a la dignidad humana que en él se producen.

La Educación física ayuda a la consecución de la Autonomía e iniciativa personal en la medida en que emplaza al alumnado a tomar decisiones con progresiva autonomía en situaciones en las que debe manifestar autosuperación, perseverancia y actitud positiva, También lo hace, si se le da protagonismo al alumnado en aspectos de organización individual y colectiva de las actividades físicas, deportivas y expresivas.

El área contribuye a la competencia de aprender a aprender mediante el conocimiento de sí mismo y de las propias posibilidades y carencias como punto de partida del aprendizaje motor desarrollando un repertorio variado que facilite su transferencia a tareas motrices más complejas. Ello permite el establecimiento de metas alcanzables cuya consecución genera autoconfianza. Al mismo tiempo, los proyectos comunes en actividades físicas colectivas facilitan la adquisición de recursos de cooperación.

Por otro lado, esta área colabora, desde edades tempranas, a la valoración crítica de los mensajes y estereotipos referidos al cuerpo, procedentes de los medios de información y comunicación, que pueden dañar la propia imagen corporal. Desde esta perspectiva se contribuye en cierta medida a la competencia sobre el tratamiento de la información y la competencia digital.

El área también contribuye, como el resto de los aprendizajes, a la adquisición de la competencia en comunicación lingüística, ofreciendo gran variedad de intercambios comunicativos, del uso de las normas que los rigen y del vocabulario específico que el área aporta.

8.- LA ACTUACIÓN DEL DOCENTE ANTE EL JUEGO

La actuación y la conducta que debe seguir el docente en sus aulas con respecto al juego son de vital importancia. A continuación nombramos los aspectos a tener en cuenta:

- Las propuestas que realice el profesor siempre deben de suponer un reto para sus alumnos pero superables. Hay que establecer metas en las cuales el niño se sienta capaz de superarlas pero se esfuerce para su consecución. Así, habrá desarrollo Para ello, el docente diversificará los juegos y dará más relevancia al proceso del juego que al resultado final.
- El docente debe evitar en la medida de lo posible la eliminación de jugadores en el desarrollo de la actividad. Debemos promover al máximo la participación de los alumnos.
- Todas las actividades deben de tener una duración y una intensidad adecuada.
- El profesor no debe intervenir de forma directa en el juego actuando como uno más ya que fomenta la desigualdad entre equipos o grupos.
- En el caso de que los juegos se desarrollen en grupos, estos tienen que ser homogéneos o al menos intentar que lo sean. Hay que paliar las posibles desigualdades que pudieran aparecer.
- El profesor debe fomentar juegos de reglas y hacer llegar al alumno el porqué de esas reglas. Promover la autonomía del alumno, llegando a comprender la existencia de "leyes".
- En este tipo de juegos, el profesor debe regular las relaciones entre los alumnos ya que pueden surgir conflictos por la asignación de papeles, liderazgo, etc. El profesor debe atenuar las posibles tensiones.
- Debe estar atento a las posibles dificultades que puedan ir surgiendo y que imposibiliten el progreso de sus alumnos. Estas dificultades han de tratarse individualmente.
- Hay que dejar que el alumno experimente y resuelva por sí mismo los problemas que el juego le genera.

9.- JUEGOS DE PRESENTACIÓN

9.1. JUEGOS SIN MATERIALES

"NOMBRE PROPIO Y NOMBRE DE DEPORTE"

Materiales: Ninguno.

Lugar: Pabellón o pista deportiva.

Desarrollo: todos sentados en círculo, cada persona debe de decir su nombre, pero además deberá de decir un adjetivo y el nombre de un animal. **Ejemplo:** "hola, me llamo Enrique y soy un estupendo elefante"; "hola, yo me llamo Raquel y soy una ratita romántica."

Variantes: se puede decir en lugar de un animal, algo relacionado con el deporte. Ejemplo: "hola, me llamo Manuel y me gusta el baloncesto"

"AFICIONES Y GUSTOS"

Materiales: Ninguno.

Lugar: Pabellón o pista deportiva.

Desarrollo: Con el grupo en circulo, la primera persona se presenta diciendo: "Me llamo... y me gusta...". Se deberá indicar una acción que nos guste hacer (saltar, reír, dormir,...) a la vez que se simula con gestos. Después el compañero de la derecha, repetirá el nombre y la acción de la primera persona "el/ella se llama... y le gusta...". Después se presentará del mismo modo. Se continuará repitiendo los nombres desde la primera persona, hasta que llegue al primero que empezó.

Variantes: Se puede decir me llamo.... y me gusta... y aquí decir el nombre de un deportista.

"CANTEMOS UN RAP"

Materiales: Ninguno.

Lugar: Pabellón o pista deportiva.

Desarrollo: En círculo los participantes permanecen de pie. El animador les explica que van a cantar un rap, para eso deben llevar un ritmo dando palmas, con las manos golpeando las piernas... Entonces el animador les enseña la canción que dice: " este rap que te voy a cantar es para mi nombre recordar, Pilar Pilar me llamo Pilar" cuando la persona canta esto los demás le contesta " Pilar, Pilar se llama Pilar."

Variantes: En lugar de tocar las palmas, podemos dar a los niños un instrumento musical, una maraca, una pandereta, castañuela... Además le diremos al niño que incluyan en el rap su deporte favorito.

"INTOCABLE"

Materiales: Ninguno.

Lugar: Pabellón o pista deportiva.

Desarrollo: todos los participantes en círculo y uno en el centro. El animador/a da el nombre de una persona del circulo, esta debe decir el nombre de otro antes de ser tocada por la que este en el centro y así sucesivamente. En caso de ser tocado antes de responder pasa al centro. Debe hacerse lo más rápido posible. Si te tocan pasas al centro. Antes de iniciar el juego todos deben decir previamente el dato en cuestión.

Variantes: Este juego puede realizarse, en lugar de diciendo el nombre simplemente, diciendo el nombre y lanzándole una pelota para que la coja.

"LAS IMITACIONES"

Materiales: Ninguno.

Lugar: Pabellón o pista deportiva.

Desarrollo: Por parejas, desde la posición de sentados uno dirige y el otro hace de espejo, primero a nivel facial, después también con el tronco y los brazos. Luego desde de pie con todo el cuerpo. Para que nuestro compañero pueda imitarnos. Intentar que los movimientos sean lo más iguales posibles. Una vez que la pareja se haya observado lentamente, el animador tocará un silbato y se cambiarán rápidamente las parejas, para así tener la oportunidad de ir conociendo a todos los compañeros.

Variantes: Toda la clase participa. Comienzan presentándose todos diciendo su nombre a continuación un alumno representa delante de los demás el gesto de un deporte y los demás tienen que acertarlo. Cuando toda la clase ha representado un gesto, el profesor pregunta ¿cómo se llama el alumno que ha representado tal deporte?

"AVATAR"

Materiales: Ninguno.

Lugar: Pabellón o pista deportiva.

Desarrollo: Consiste en que cada uno debe ir diciendo su nombre y un objeto/deporte que comience por la letra que comienza su nombre, por ejemplo Paola-Pádel, la siguiente persona dirá el nombre y apodo del anterior y su nombre y apodo, el último deberá decir el nombre y apodo de todo el mundo.

Variantes: También podemos dar un tema, por ejemplo, la fruta, los animales, etc. Y que los niños digan su nombre y una palabra relacionada con el tema que empiece por su inicial.

"SALUDO DEPORTIVO"

Materiales: Ninguno.

Lugar: Pabellón o pista deportiva.

Desarrollo: Los participantes estarán repartidos por todo el espacio, se van desplazando por todo el lugar y cada uno va diciendo su nombre acompañado de un gesto, reverencia, etc., cada vez que se encuentre a un compañero. Los demás le devuelven el saludo repitiendo el gesto. Al terminar la ronda, se irán diciendo nombres al azar, debiendo todos hacer el gesto que hizo la persona nombrada.

Variantes: También cada niño puede realizar un gesto que este relacionado con el deporte, chutar un balón, hacer como si encestara una pelota de baloncesto...

"PASEO DEPORTIVO"

Materiales: Ninguno.

Lugar: Pabellón o pista deportiva.

Desarrollo: Van todos paseando, dentro de un espacio limitado, como si lo hiciéramos por la calle. Cada vez que nos cruzamos con alguien lo saludamos como si lo conociéramos de toda la vida (de manera efusiva).

Variantes: Se pueden saludar de forma deportiva, como cuando marcan un gol, una canasta...

"ALGO EN COMÚN"

Materiales: Ninguno.

Lugar: Pabellón o pista deportiva.

Desarrollo: Todos juntos en la pista. El profesor les pide que se agrupen por el color de alguna prenda de vestir, por las aficiones, color del pelo, si llevan algo en especial.... de forma que cada vez los grupos sean diferentes y les ayude a ir conociendo las caras y algunas características de los compañeros, cada vez que estén en un grupo tienen que presentarse.

Variantes: Se puede decir a los niños que se agrupen según gustos deportivos, o a los equipos de futbol de su afición...

"NOS CONOCEMOS"

Materiales: Ninguno.

Lugar: Pabellón o pista deportiva.

Desarrollo: Van caminando por un espacio delimitado y tienen que seguir las indicaciones que el profesor irá marcando:

Caminamos por el espacio sin tocarnos.

Caminamos por el espacio y cada vez que nos encontremos con alguien nos damos la vuelta.

Caminamos por el espacio y cuando nos cruzamos con alguien nos damos la mano saludándonos.

El ejercicio anterior, pero ahora el saludo será más efusivo, abrazos, besos, etc...

Caminamos por el espacio y cuando nos saludamos nos presentamos diciendo nuestro nombre y nuestro deporte favorito.

Caminamos por el espacio gritando nuestro nombre y el nombre del deportista que nos gusta.

Caminamos y con el brazo vamos dibujando en el espacio nuestro nombre.

Caminamos y vamos dibujando con nuestros pasos nuestro nombre.

El profesor hará preguntas como: ¿Cuantos compañeros nos hemos encontrado cuyo nombre empiece por la P? ¿A que compañero le gusta Nadal?

"FORMAS DE SALUDOS"

Materiales: Ninguno.

Lugar: Pabellón o pista deportiva.

Desarrollo: Vamos todos andando dentro de un espacio limitado, por ejemplo la cancha de baloncesto, debe evitarse el mirar al otro, lo mejor es mirar al suelo o al techo.

Cuando pasen al lado de alguien dicen su nombre muy suavemente sin mirarse.

Todos saludan a todos pero con la mano izquierda, se les puede explicar que dicen que el lado izquierdo es el lado del corazón.

Se les dice que todos pertenecemos a una civilización en la que la gente se saluda frotándose los codos y diciendo hola más el nombre del compañero con que se cruza.

Se les dice que estamos en el país de Risilandia y allí todo el mundo se saluda haciendo suavemente cosquillas bajo el mentón a la vez que se dicen hola y el nombre del compañero con que se cruza.

También se les puede decir que en el país de los nomos se saludan frotándose la nariz una contra otra, de forma que tendrán que frotarse la nariz con el compañero que se encuentren a la vez que le dicen hola y su nombre.

Se imaginan que se encuentran con su mejor amigo/a que hace un año que no ve porque se ha ido Inglaterra, se tienen que saludar exageradamente, llenos de alegría...

Variantes: Se le puede indicar al niño otras situaciones que deberán de realizar con sus compañeros. Por ejemplo saludarse como los jugadores de futbol, tenis, judo...

"SOMOS ESTATUAS"

Materiales: Ninguno.

Lugar: Pabellón o pista deportiva.

Desarrollo: Los alumnos irán saliendo de uno en uno al ritmo de una música. Cuando el profesor o la música indique se quedará quieto de la forma que se le ocurra y saldrá otro compañero, que también se colocará intentando formar algo concreto. Entre todos tendrán que formar un monumento humano.

Variantes: El grupo se parara según la forma que diga el educador o el compañero que se la quede en ese momento, siempre y cuando las estatuas estén relacionadas con el deporte.

"LOS BARCOS"

Materiales: Ninguno.

Lugar: Pabellón o pista deportiva.

Desarrollo: Se delimita un campo. Por ejemplo el campo pequeño de baloncesto. Se ponen por parejas en fila. Tienen que desplazarse siempre hacia detrás. El que va delante dice los movimientos. Cuando dos barcos chocan se unen y sigue dirigiendo el que está el primero. Hasta que todos los barcos se unan en uno.

Variantes: Una variante para presentarse es que la pareja que choque contra otro barco debe de preguntarle sus nombres, aficiones... en voz alta, y así ir conociéndose mejor.

"LA BOTELLA DEPORTIVA"

Materiales: Ninguno.

Lugar: Pabellón o pista deportiva.

Desarrollo: Se coloca uno en el centro y los demás forman un círculo muy pequeño. El del centro se deja caer en los brazos de los compañeros, quienes se lo van pasando con cuidado de no dejarlo caer, a la vez que va cayendo en los brazos de un compañero, este tiene que decir su nombre en voz alta. Después van haciendo la experiencia el resto de los compañeros, consiguiendo así la confianza de unos y otros.

Variantes: El niño tiene que decir además del nombre del compañero, su deporte favorito.

"LAS MIRADAS"

Materiales: Ninguno.

Lugar: Pabellón o pista deportiva.

Desarrollo: Los jugadores de pie forman un círculo. El animador/a explica el juego. A la señal, cada uno de los jugadores trata de establecer contacto visual con otro jugador para intercambiar miradas. En el momento en que ambas personas se miran fijamente, una a la otra, los dos jugadores caminan para encontrarse y preguntarse sus nombres, al mismo tiempo que se saludan. Una vez que se han presentado, vuelven a sus lugares en el círculo y buscan los ojos de otro jugador. Si más de una persona sale del círculo para preguntar el nombre a otro jugador, entonces todos los jugadores se presentan y se saludan.

Variantes: Además del nombre, deberán de decir su afición deportiva que más practiquen.

"BALÓN Y PORTERÍA"

Materiales: Ninguno.

Lugar: Pabellón o pista deportiva.

Desarrollo: Se hacen grupos de 3, uno se la queda. Dos niños se cogen de las dos manos con los brazos en alto y uno queda en medio. El que se la queda dice que cambia de "balón", si es así se cambian de sitio los que están entre los brazos, teniendo que encontrar otra portería, mientras que las porterías se quedan inmóviles y el que se la queda corre a ocupar un lugar de forma que quien no tenga sitio se la tiene que quedar. Si dice "portería" se queda en su lugar el balón y la portería tiene que buscar otro balón, mientras que los balones permanecen quietos. También quien se la queda puede decir "Empieza el partido" entonces todos tendrán que moverse y cambiar de posición quien no forme portería con balón se la queda.

"DEPORTES CON MÍMICA"

Materiales: Ninguno.

Lugar: Pabellón o pista deportiva.

Desarrollo: Se divide la clase en grupos del mismo número, por lo menos en dos grupos dependiendo del número de alumnos. Cada grupo tendrá que representar un deporte o algo relacionado con él, que se le ocurra; el profesor puede ayudarles en la idea. Por ejemplo: Una portería, una canasta, un partido de vóley... Tendrán que representarla una vez y sin hacer ningún ruido, solo a través de los gestos y entre todo el grupo. Los otros grupos tendrán que adivinar que deporte han representado.

"FORMACIÓN"

Materiales: Ninguno.

Lugar: Pabellón o pista deportiva.

Desarrollo: Ponerse en fila es algo que todos han hecho desde pequeñitos. En esta ocasión los más pequeños no serán los primeros, ni los grandes los últimos. Se trata de idear motivos originales y simpáticos para ponerse en fila. Como es lógico siempre habrá un primero y un último, pero rara vez serán los mismos. El profesor/a señala donde se colocará el primero y da la orden, al finalizar la indicación dirá ¡formación! Y todos se colocaran por el orden establecido:

- En fila por fechas de cumpleaños.
- En fila por orden alfabético del nombre.
- En fila por el color de pelo de negro a rubio.
- En fila por el número de hermano.

"EL NOMBRE MAS LARGO DEL MUNDO"

Materiales: Ninguno.

Lugar: Pabellón o pista deportiva.

Desarrollo: Sentados en círculo, un componente del grupo comienza diciendo su nombre y su deporte favorito (o como quieren que le llamen). El siguiente a su izquierda (siguiendo el movimiento de las agujas del reloj) debe decir:

El nombre de su compañero anterior, su deporte.

Su propio nombre, y su deporte favorito.

El tercer componente, por orden, dirá el nombre del primero, su deporte, del segundo, su deporte, y el suyo y su deporte favorito. Y así, sucesivamente, hasta llegar al monitor o educador que será el último y el encargado de repetir todos los nombres y deportes seguidos.

"¿ME QUIERES?"

Materiales: Ninguno.

Lugar: Pabellón o pista deportiva.

Desarrollo: Todos sentados en un círculo, y un jugador de pie en el centro. Éste se acercará aleatoriamente a un jugador del círculo y le preguntará "¿Me quieres,....?", debiendo responderle "Claro que sí, pero también quiero a...". En ese momento, los que están a ambos lados del primer jugador deben de intercambiar su asiento con lo de ambos lados del jugador segundo. El que ha preguntado, que estaba de pie, aprovecha entonces para sentarse rápidamente, quedando en pie uno de los cuatro jugadores que se habían levantado, que será el que deba continuar el juego.

"EL CEPILLO Y LOS DEPORTES"

Materiales: Ninguno.

Lugar: Pabellón o pista deportiva.

Desarrollo y reglas: Se forman grupos de 5 personas. Los miembros de los equipos se alinean uno detrás de otro. El animador explica que el primer integrante del equipo es el cepillo de dientes, el segundo la pasta dental, el tercero un colmillo, el cuarto un incisivo y el quinto una muela. El cepillo debe presentar a todos los miembros de su equipo de la siguiente forma: "Yo soy el cepillo y me llamo Pepe; esta es mi pasta dental y se llama Lucía; este es mi colmillo y se llama Mary; este es mi incisivo y se llama Juan; esta es mi muela y se llama Toño". Una vez presentados todos los equipos la pasta dental se sube al cepillo y limpian su dentadura. En cualquier momento el profesor puede decir cualquiera de los cinco elementos que componen el juego: cepillos, dentífricos, colmillos, incisivos y muelas. Si esto sucede, los jugadores que representan ese elemento deben abrazarse y presentarse.

"¿QUIÉN SOY?"

Materiales: Ninguno.

Lugar: Pabellón o pista deportiva.

Desarrollo: Cada alumno se sienta en su pupitre, el que el profesor señale sale y se presenta diciendo su nombre e identificándose con un personaje popular. Tras haberse presentado todos los alumnos, el profesor saca al azar a uno y deberán acertar a través de la imitación de los personajes el nombre del compañero.

Variantes: También puede hacerse este mismo proceso pero en lugar de con personajes populares, con deportistas famosos.

"¿QUIÉN ES QUIEN?"

Materiales: Ninguno.

Lugar: Pabellón o pista deportiva.

Desarrollo: El profesor hace que cada alumno se presente y luego cada compañero imitará a otro, sin hablar, y los demás deberán acertar quien es.

Variantes: Imitan gestos de de deportes y tienen que adivinar cual es y como se llama el alumno que hace la representación.

"EL TELÉFONO DEPORTIVO"

Materiales: Ninguno.

Lugar: Pabellón o pista deportiva.

Desarrollo: Todos sentados en corro, el primero dice el nombre al oído del compañero, lo que haya escuchado se lo dice al de su lado y así sucesivamente hasta llegar al último que debe decir el nombre que el haya oído.

Variantes: Se puede hacer el mismo ejercicio pero además del nombre decir una frase, en la que el niño realice una acción deportiva. Por ejemplo: María juega al futbol todos los días.

"PALABRAS CRUZADAS"

Materiales: Ninguno.

Lugar: Pabellón o pista deportiva.

Desarrollo: Todos los alumnos en la clase, deberán de ir levantándose uno a uno e ir poniendo en la pizarra con letras grandes su nombre, a continuación con cada letra de su nombre deberán de formar una palabra.

Las palabras de los compañeros no podrán ser repetidas por los que vengan a continuación.

Variantes: Se puede hacer el mismo ejercicio pero con una pequeña dificultad según el curso con el que se juegue. En lugar de poner una palabra cualquiera con cada letra de su nombre, poner palabras relacionadas con el deporte.

"LOS NOMBRES DE COLORES"

Materiales: Ninguno.

Lugar: Pabellón o pista deportiva.

Desarrollo: Cada alumno escribe en un folio su nombre con letras grandes y de colores.

Cuando el profesor de la señal, andarán por la clase con el cartel alto para que los demás puedan leerlo, se hará durante unos minutos.

Tras haberse sentado, el profesor va sacando de uno en uno al azar y los demás deben acertar su nombre.

"LA FILA"

Materiales: Ninguno.

Lugar: Pabellón o pista deportiva.

Desarrollo: Se divide la clase en dos grupos de 6 o 7 personas y se colocan por el gimnasio, agrupados en filas. Se agarran por la cintura estando de pies y salen corriendo por todo el espacio. El que va primero grita su nombre y todos los demás le siguen.

Cuando el profesor dé una palmada los alumnos cambian al primero por otro y así sucesivamente hasta que todos griten su nombre y los demás le sigan.

Variantes: Se puede decir, el nombre y su deporte favorito.

"PALMAS SALTARINAS"

Materiales: Ninguno.

Lugar: Pabellón o pista deportiva.

Desarrollo: Todos los alumnos corren por el gimnasio ocupando todo el espacio y a la señal del profesor se busca una pareja a la que saltando se chocan las manos diciendo su nombre.

Variantes: Se puede decir además de su nombre, su deporte favorito.

"MIS LETRAS"

Materiales: Ninguno.

Lugar: Pabellón o pista deportiva.

Desarrollo: Consiste en que los participantes hagan preguntas con las letras del nombre. El grupo es subdividido en grupos de cuatro o cinco alumnos. Cada persona dice su nombre. Con las letras de su nombre las otras personas deben formular cualquier tipo de pregunta. En las preguntas cualquiera de sus palabras debe empezar por la letra correspondiente del nombre, desde la primera hasta la última. Cuando una persona haya terminado empieza la siguiente. Cuando hayan terminado, cada persona presenta al grupo a sus compañeros comentando las respuestas a las preguntas que se hicieron.

Variante: En lugar de realizar preguntas, se puede decir que se diga con cada letra del deporte favorito de cada alumno, o con materiales que encuentren por el pabellón.

"EL HIJO"

Materiales: Ninguno.

Lugar: Pabellón o pista deportiva.

Desarrollo: Se sitúan todos los alumnos de pie formando un círculo. El primer alumno comienza diciendo la frase: Yo soy la mamá/ papá y este es mi hijo y se llama... (Cuando diga y este es mi hijo, tendrá que coger en brazos al compañero que este a su derecha). Y así sucesivamente irán realizando el ejercicio todos los alumnos.

Variantes: Se puede decir el nombre y una cualidad del niño. Se realiza la acción que el profesor indica, por ejemplo: cuando se diga al mismo tiempo se da dos saltos a la derecha (todos juntos) etc., etc.

"MI ABUELA ME HA REGALADO..."

Materiales: Ninguno.

Lugar: Pabellón o pista deportiva.

Desarrollo: En este juego, los alumnos tienen que estar formando un círculo. Aquel que la maestra elija será el que comience el mismo. En este juego los alumnos tienen que presentarse con la siguiente frase: "Me llamo... y mi abuela me ha regalado un... (Pueden decir lo que quieran, por ejemplo, un abanico, una hamaca, un cepillo de dientes....) ". Ahora bien, cuando el niño diga lo que su abuela le ha regalado todos deberán de hacer la acción o el movimiento que realiza ese objeto.

Variantes: Una vez que los niños repiten la acción, el que la ha dicho no puede parar de realizar ese movimiento.

"ME LLAMO.... Y MI ANIMAL ES...."

Materiales: Ninguno.

Lugar: Pabellón o pista deportiva.

Desarrollo: Todos sentados en círculo. El que empieza dice "me llamo... (Su nombre), y mi animal es... (Un animal con la inicial de su nombre). El compañero de su derecha tiene que decir "se llama... y su animal es.... Y yo me llamo... y mi animal es...Y de ésta forma lo harán todos los alumnos hasta que acaben de participar todos.

Variantes: Se puede seguir el mismo orden que el citando todo lo que se pueden encontrar en una clase de educación física.

"EL PASE DE LA REINA"

Materiales: Ninguno.

Lugar: Pabellón o pista deportiva.

Desarrollo: Se divide a los alumnos por tríos, dos compañeros cruzan los brazos para hacer una silla dónde se sentará el tercer compañero del grupo al que le pasean. Mientras van paseando se van presentándose, se dicen sus nombres, lo que les gusta, etc. A medida que se van presentando cambian de posición.

Variantes: Los niños se pueden colocar formando una carretilla, de manera que haya un alumno que ande con las manos y cada uno de los otros dos alumnos le agarran de una pierna al primero. Todo se realiza mientras se presentan a la vez y cambian de posición.

"EL NÚMERO DE AMIGOS"

Materiales: Ninguno.

Lugar: Pabellón o pista deportiva.

Desarrollo: Los niños andan relajadamente por el gimnasio. el juego consiste que el profesor grite una serie de números y los alumnos formen grupos de dicho número de alumnos. Una vez formado el grupo, los alumnos se dicen los nombres entre si de la forma más rápida posible. Al terminar de decir todos los nombres, el grupo vuelve a dispersarse como en la situación inicial por la clase y el juego continúa hasta que el profesor vuelve a gritar otro número y se vuelven a formar grupos distintos. De esta manera se consigue una presentación rápida de todos los jugadores.

Variantes: a medida que avance el juego el profesor puede gritar a los alumnos colores y que estos se clasifique según el color de su sudadera, pantalón de deporte, etc....

"DANDO PALMAS"

Materiales: Ninguno.

Lugar: Pabellón o pista deportiva.

Desarrollo: Los jugadores se sientan en círculo y el animador marca el ritmo: un golpe con las palmas de las manos sobre las piernas, una palmada, mano derecha hacia atrás por encima del hombro y con el pulgar mirando hacia atrás, este mismo movimiento con la mano izquierda. Al llevar la derecha hacia atrás hay que decir el nombre de uno mismo y al llevar la izquierda el de otra persona del grupo. Todo el grupo tiene que hacer los mismos movimientos llevando el ritmo. La persona nombrada dice su nombre y el de otra persona. Así sucesivamente hasta ser presentados todos algunas veces, sin perder el ritmo.

Variantes: Se pueden hacer de forma diferente: cambiando el ritmo, haciéndolo también con los pies estando sentados, etc.

"LA CONQUISTA"

Materiales: Ninguno.

Lugar: Pabellón o pista deportiva.

Desarrollo: El grupo se coloca de pie formando un círculo. Se determina la persona que comienza: grita el nombre de un compañero e inmediatamente después se lanza hacia el lugar que éste ocupa; el llamado ha de reaccionar rápidamente, gritar el nombre de otro compañero, y lanzarse hacia el lugar donde esté, así sucesivamente. Conviene empezar lentamente para comprender la dinámica del juego, y luego imprimir más velocidad, tratando que cada vez sea más rápido.

"TREN DE NOMBRES"

Materiales: Ninguno.

Lugar: Pabellón o pista deportiva.

Desarrollo: Todos los participantes hacen un círculo. El primero dice su nombre. El siguiente debe repetirlo y decir el suyo. El tercero tendrá que repetir los nombres anteriores antes de decir el suyo. El juego continua con esta dinámica hasta completar el círculo.

Variantes: Con iniciales de deportes, igual, pero añadiendo el nombre de un deporte que comience por la misma letra. Ej. "Fernando-Fútbol".

Con iniciales de cualidades, igual, pero añadiendo una cualidad con la que se identifique cada persona.

Nos vamos al gimnasio, igual, diciendo "me llamo... y me llevo en la maleta del gimnasio un/una...". Cada jugador repite la lista de objetos y añade uno nuevo.

"PRESENTACIÓN"

Materiales: Ninguno.

Lugar: Pabellón o pista deportiva.

Desarrollo: Se divide el grupo en dos partes, que deberán formar dos círculos concéntricos, quedando por parejas mirándose a la cara.
La dinámica que se sigue es:
- Consigna: "¡saludar con...!
- "hola, soy... "
- "yo soy,..., encantado de conocerle".

Con cada consigna, un círculo gira, con lo que se producen nuevas parejas, y se vuelven a saludar con una nueva consigna.

Variantes: Éstas pueden incluir ritmo (rápido, a saltitos, a cámara lenta) y gesto (con las manos, codo con codo, cabeza con cabeza, pie con mano,...)

9.2. JUEGOS CON BANCOS SUECOS Y SILLAS

"MI AMIGO SECRETO ES..."

Materiales: Sillas.

Lugar: Pabellón o pista deportiva.

Desarrollo: Todos sentados en sillas en círculo, en el que debe haber una silla vacía. El jugador a la izquierda de la silla vacía inicia el juego diciendo "mi amigo" a la vez que cambia de silla. El siguiente por la izquierda dice "secreto", y cambia de silla. El siguiente dice "es", cambiando de silla. El cuarto también cambia de silla, diciendo esta vez el nombre de otro jugador. En ese momento, la persona nombrada debe levantarse rápidamente y ocupar la silla vacía, pero los dos jugadores que queden a su derecha e izquierda, sin levantarse, intentarán retenerle para que no se vaya.

Sigue el juego la persona que esté a la izquierda de la silla vacía.

Variantes: En lugar de decir el nombre de cada niño, se le puede asignar también el nombre de un deporte, animal, fruta...

"El LAGO MALVADO"

Materiales: Cuatro bancos.

Lugar: Pabellón **o pista deportiva.**

Desarrollo: Se forma con los bancos un cuadrado para que quede un "lago" en el centro. El profesor señalará a sus alumnos y estos se presentaran a los demás, que deberán de recordar sus nombres; una vez que se han presentado todos los alumnos el profesor saldrá del lago y llamará a cualquier alumno para que diga como mínimo el nombre de seis alumnos o por el contrario este permanecerá en el lago hasta pasado tres turnos. Luego volverá a tener la oportunidad de volver a participar para poder salir del malvado lago.

Variantes: Los alumnos deben recordar aparte del nombre, deberá decir el nombre de un deportista famoso y que deporte practica.

"FUTBOL, BALONCESTO, O DEPORTES"

Materiales: bancos suecos.

Lugar: Pabellón o pista deportiva.

Desarrollo: Con el grupo en círculo, se sitúa el animador/a en su interior, dirigiéndose a alguien del círculo le dice "Futbol" o bien "Baloncesto". En el primer caso (Futbol) el preguntado deberá contestar diciendo el nombre de la persona que se sitúa a su derecha, y cuando se diga "Baloncesto" dirá el nombre del compañero/a de la izquierda. El jugador que no acierte pasará a ocupar el centro y deberá continuar preguntando. En cualquier momento del juego, quien este en el centro podrá gritar "DEPORTES" y en este caso todos deberán de moverse y recolocarse en el circulo.

Variantes: Se puede aumentar la dificultad introduciendo una tercer deporte (Voley) y en este caso se deberá de indicar el nombre de la persona que se señale.

"ESTE ES MI GIMNASIO"

Materiales: Sillas en círculo, una más que participantes

Lugar: Pabellón o pista deportiva.

Desarrollo: Sentados en circulo todos dicen su nombre uno a uno, en el circulo colocamos una silla vacía, una vez que todos se han presentado, comienza quien este sentado al lado de la silla vacía diciendo: "Yo soy... y quiero que mi gimnasio sea ocupado por (nombre de otra persona)", el que es nombrado se coloca en la silla vacía, todos corren un lugar ocupando la silla que ha dejado el compañero nombrado. Cuando todos han participado, se ejecuta una segunda parte del juego, diciendo el nombre de un compañero y" quiero que venga..." (Se indica cómo se quiere que venga, saltando, a la pata coja, bailando, dando vueltas,...). Una vez llegue a ocupar la silla vacía, continuará el juego nombrando a otra.

Variantes: En la segunda parte del juego se puede empezar a nombrar a los compañeros cuyo nombre empiece por la letra que diga el profesor.

"ME PICA AQUÍ"

Materiales: Sillas.

Lugar: Pabellón o pista deportiva.

Desarrollo: Todos sentados en círculo.

El primero dice "Me llamo <Antonio> y me pica aquí", rascándose la parte del cuerpo que prefiera.

El segundo dice "Él es <Antonio> y le pica aquí", rascándole en la parte que él haya elegido, y continúa "Y yo soy <María> y me pica aquí", rascándose la parte del cuerpo que ella prefiera.

Se sigue así sucesivamente hasta completar el círculo.

Variantes: Se puede sustituir el picar, por una acción deportiva.

9.3. JUEGOS CON MATERIALES DIVERSOS

"¡ADIVINAMOS LOS NOMBRES Y DEPORTES!"

Materiales: Tizas y una pizarra..

Lugar: Pabellón o pista deportiva.

Desarrollo: En la pizarra cada alumno, uno por uno, pone su nombre y apellido y tantas rayitas como letras tengan su nombre. Los demás deben acertarlo antes de que con los fallos se haga el muñeco del ahorcado.

Variantes: Pueden poner además del nombre y el apellido, un deporte favorito de cada uno.

"TENGO CARTA"

Materiales: Una gorra.

Lugar: Pabellón o pista deportiva.

Desarrollo: Cada persona tiene que decir su nombre y a continuación hacer un gesto colocándose a la vez una gorra de forma original. A continuación el siguiente tiene que decir como se llamaba al anterior, y repetir su gesto. Él también dice su nombre y realizará un gesto distinto y así sucesivamente hasta la última persona. El último tiene que decir desde el primero, los nombres de cada persona y sus gestos.

Variantes: Todo el grupo en círculo. Una persona comienza diciendo su nombre acompañado de un grito deportivo y un baile y todos lo repiten, así sucesivamente hasta que todos han dicho su nombre con su baile, su grito y todo el grupo lo ha ido repitiendo.

"EL CORRO"

Materiales: varios objetos (pelotas, aros, pañuelos, etc.)

Lugar: Pabellón o pista deportiva.

Desarrollo: Una vez situados los dos círculos (uno dentro del otro), los alumnos de fuera colocan un objeto (cada alumno tendrá uno diferente) detrás del compañero, cuando suena el silbato los que están fuera tienen que empezar a correr en una sola dirección. Cuando vuelve a sonar el silbato todos deben volver con su compañero decir su nombre y sentarse detrás donde habían dejado el objeto.

Variantes: Se puede crear una canción para que los niños la canten mientras vayan corriendo.

"NUESTRO NOMBRE Y LA NATURALEZA"

Materiales: Lápices, piedras o ramas.

Lugar: Pabellón o pista deportiva.

Desarrollo: Se trata de dibujar, cada uno delante de sí, su nombre con piedras, trozos de palitos, lápices. Es más fácil recordar los nombres cuando los vemos dibujados.

Variantes: Nos ponemos de pié e intentamos escribir los nombres en el suelo como si fueran un crucigrama, entrelazándose las letras (lo podemos hacer de uno en uno, para que sea más fácil).

Otra variante es que cada uno busca una ramita que tenga la forma de la inicial de su nombre. Nos vamos presentando y colocando la "letra" delante de nosotros. Al final podemos unir todas dibujando un gran árbol.

"EL OVILLO DEPORTIVO"

Materiales: Un ovillo y tijeras.

Lugar: Pabellón o pista deportiva.

Desarrollo: Se reparte un ovillo de lana entre los alumnos, y cada uno corta un trozo del ovillo.

Cuando ya cada alumno y éste tiene que decir cosas sobre él (referidas a cualidades deportivas o deportes favoritos) dependiendo del trozo de lana que tenga.

Por cada dedo en el hilo de lana es una cosa; si tiene un trozo de unos 20 cm. aproximadamente serían 4 dedos más o menos, por lo tanto tendrá que decir 4 cosas sobre él.

"LÍO ENMARAÑADO"

Materiales: un ovillo de lana.

Lugar: Pabellón o pista deportiva.

Desarrollo: Este juego puede servir de presentación o de conocimiento según queramos. Realizando un círculo, una persona tiene un ovillo de lana sujetándolo la lana por un extremo, el debe de presentarse diciendo su nombre, aficiones, edades, de donde es,...y todo lo que queramos añadir.

Posteriormente debe de lanzar el ovillo de lana a otro compañero (pero debe de sujetar el extremo de forma que la lana cuelgue entre ambos). El siguiente repetirá la operación de presentarse y volverá a lanzar el ovillo a otra persona distinta pero sujetando el trozo de lana. Cuando ya todos hayan recibido la lana, esta formará un entramado similar al de una tela de araña, ahora para desenvolverle se hará de forma inversa devolviendo el ovillo a la persona que te lo dio y recordando todos sus datos de cuando se presentó.

Variantes: Además de para presentarse puede servir para ir contando un cuento en el que el tema principal sea el deporte.

"LA BOLSA DE DEPORTE"

Materiales: una bolsa de deportes.

Lugar: Pabellón o pista deportiva.

Desarrollo: todos sentados en un círculo, la persona que tiene la bolsa de deportes debe decir su nombre, el deporte que le gusta y decir la ropa deportiva que hace falta para practicar ese deporte. Va imaginando que lo tiene dentro de la bolsa y lo va enseñando todo. **Ejemplo:** "Me llamo Patri me gusta el fútbol y para jugar llevo en mi bolsa, un balón, unas calzonas, tobilleras…, a continuación el siguiente alumno hace lo mismo.

Variantes: Cuando todos han participado el profesor hace preguntas como: ¿a ver si os acordáis a quien le gusta practicar baloncesto?, y así hará preguntas sobre los deportes nombrados.

"SALUDO INICIAL"

Materiales: materiales relacionado con la clase de educación física..

Lugar: Pabellón o pista deportiva.

Desarrollo: El primer paso consistirá en dividir el grupo en subgrupos. Cada subgrupo tendrá el mismo número de integrantes. Se dejará un máximo de diez minutos para que todos los subgrupos piensen e inventen el saludo a representar. Y finalmente cada subgrupo representará su saludo, y practicarán su saludo con los otros subgrupos. Al finalizar los saludos entre todos los grupos se decidirá cual saludo ha sido el más original.

Variantes: el saludo estará relacionado con algún deporte o juego relacionado con la educación física. Todos llevan en la mano un material que han elegido libremente y cuando se saludan se lo cambian, cada alumno dice su nombre y el nombre del material que lleva en la mano.

"LA BANDA DE MUSICA"

Materiales: instrumentos de percusión.

Lugar: Pabellón o pista deportiva.

Desarrollo: Consiste en poner en círculo a los alumnos y dar un instrumento de percusión. (pandereta, maracas, cascabeles,...incluso palmadas). Una vez repartidos los instrumentos el profesor inicia el juego diciendo su nombre a la vez que con su instrumento marca un ritmo y a continuación todos a la vez repetirán el nombre con el ritmo. El siguiente jugador (siguiendo el sentido de las agujas del reloj) dirá su nombre de forma rítmica pero con su respectivo instrumento y luego el resto de los alumnos repetirán la serie de nombre con los ritmos, cada vez se irá incluyendo uno más hasta el último alumno.

Variantes: moviéndose por el espacio al ritmo que marque el alumno que sea nombrado por el profesor.

"CADA OVEJA CON SU PAREJA"

Materiales: caja de zapatos con objetos variados que formen parejas.

Lugar: Pabellón o pista deportiva.

Desarrollo: El animador introduce en una bolsa o caja una serie de parejas de objetos, por ejemplo caramelos de diferentes colores. Va pasando la caja por todo el grupo para que cada persona coja una pieza sin mirar. Cada persona tiene que buscar a su pareja, por ejemplo los que han elegido el caramelo de color rojo, se sientan juntos y hablan entre ellos diciendo el nombre, sus aficiones, qué le gusta hacer en su tiempo libre. Se indica al grupo que han de estar muy atentos a lo que les diga el compañero ya que luego ellos tendrán que presentarlo al resto del grupo. Cada miembro de la pareja presenta después a la persona con la que ha estado hablando al resto del grupo.

Variantes: 1.- en lugar de utilizar objetos, también se pueden agrupar los niños según sea su deporte favorito o por distintos materiales del pabellón.

Variante 2.- en la caja se introducen objetos relacionados con los deportes y con las actividades físicas.

"FALTA UNO"

Material: Manta, sabana u objeto que sirva para tapar a una persona.

Materiales pequeños de uso en las clases.

Lugar: Pabellón o pista deportiva.

Desarrollo: Los jugadores corren por patio con los ojos cerrados. El educador oculta a un jugador debajo de una sábana y lo coloca en el centro del lugar. El jugador permanece inmóvil y en silencio. A la señal, los demás abren los ojos e intentan adivinar quién es el compañero que falta. El jugador oculto no puede descubrirse hasta que adivinen su nombre.

Variantes: También podemos colocar a cada persona un objeto que encontremos por el pabellón relacionado con el deporte, y los alumnos además de adivinar el nombre del compañero escondido, tienen que saber el nombre del objeto que llevaba en la mano.

"LAS GAFAS DE LA DESCONFIANZA"

Materiales: Varias gafas de plástico.

Lugar: Pabellón o pista deportiva.

Desarrollo: El profesor plantea: "estas son las gafas de la desconfianza. Cuando llevo estas gafas soy muy desconfiado. ¿Quiere alguien ponérselas y decir qué ve a través de ellas, qué piensa de nosotros?".

Variantes: Después de un rato, se sacan otras gafas que se van ofreciendo a sucesivos voluntarios (por ejemplo: la gafas de "los deportes de nieve", de "los deportes colectivos", y de "los deporte individuales", etc.)

"FIESTA O FIESTA"

Materiales: Ropa de deporte.

Lugar: Pabellón o pista deportiva.

Desarrollo: Se explica que va a haber una fiesta, y que cada cual debe llevar algo, pero que empiece con la inicial de su nombre. El primero comienza diciendo su nombre y lo que va a llevar a la fiesta. El segundo repite lo que dijo el anterior, y luego dice su nombre y lo que va a llevar a la fiesta. Por ejemplo: Yo soy Pablo y voy a llevar el pastel.

Él es Pablo y va a llevar el pastel y yo soy Ricardo y voy a llevar los refrescos.

Él es Pablo y va a llevar el pastel, él es Ricardo y va a llevar los refrescos y yo soy Juana y voy a llevar el jamón.

Variantes: Se puede ir disfrazado con ropa del deporte que mas le guste a cada uno y van diciendo: Yo soy Pablo y voy a jugar al futbol, el es Pablo y va a jugar al fútbol, yo soy María y voy a jugar al baloncesto. Etc.

"EL SUPERMERCADO"

Materiales: Recipiente y fichas con nombres de productos naturales.

Lugar: Pabellón o pista deportiva.

Desarrollo: Los jugadores se sientan en círculo. En un recipiente, previamente, se han introducido fichas de colores con los nombres de distintos productos naturales, un producto por tarjeta. Nombres de frutas, verduras, productos lácteos, pescados, etc., son ejemplos de productos naturales. El animador saca una tarjeta y lee en voz alta el nombre del producto escrito en la misma. A todos los jugadores que le guste dicho producto natural se deben poner de pie y decir su nombre.

Variantes: En lugar de productos de consumos, podemos sustituir estos por colores, juguetes, animales, deportes...

"FORMAMOS UN RELOJ"

Materiales: 2 cuerdas, 2 flechas de cartón, cartulina y plumones

Lugar: Pabellón o pista deportiva.

Desarrollo: Utiliza las cartulinas y los plumones para formar los números del reloj. Los jugadores forman un círculo. En cada hora se coloca uno o varios jugadores y enfrente de ellos el número que representan. En el centro del círculo se encuentran las manecillas del reloj, ahí colocamos o clavamos la cuerda, los palos o las flechas de cartón. Recordar que debe de haber una más larga que la otra. Dos jugadores deben de ser previamente escogidos para mover las manecillas según las instrucciones del animador. El animador va diciendo las distintas horas. Una vez situadas las manecillas en la hora mencionada los jugadores que comprenden esa hora dicen sus nombres y su deporte favorito. Cuando las manecillas se cansan o bien a la señal del animador, se hace sonar la alarma – despertador del reloj, con lo cual todos deben de cambiar de posición, incluidas las manecillas.

"HACEMOS UN PUCHERO"

Materiales: Fichas con ingredientes de un puchero y pegatinas.

Lugar: Pabellón o pista deportiva.

Desarrollo: Se confeccionan tantas fichas con ingredientes de un puchero como jugadores haya. Cada jugador cogerá una ficha, añadirá su nombre, y se la pegará en la espalda sin que nadie vea su ingrediente. A la señal, todos los jugadores irán confeccionando una lista personal con el total de ingredientes del puchero en un tiempo estipulado. Ganará quien consiga la mayor cantidad de ingredientes, y en caso de empate, quien además tenga los nombres correctos de los jugadores que llevaban el ingrediente.

Variantes: Se puede realizar, con otra receta conocida por los niños, como el gazpacho, una ensalada...

"LA ENTREVISTA"

Materiales: Un silbato para dar la señal.

Lugar: Pabellón o pista deportiva.

Desarrollo: Se dispone a los participantes en dos círculos concéntricos mirándose las caras y empiezan a presentarse y hablar sobre ellos mismos, diciendo sus aficiones y deportes favoritos.

Al pasar un tiempo breve convenido a criterio del animador, se hace sonar un silbato. Entonces los que están en el círculo exterior se moverán un lugar a la derecha, con lo que se forman nuevas parejas, y comienzan a presentarse de nuevo.

Variantes: La presentación incluirá además del nombre y apellidos, los deportes o juegos favoritos de cada uno y el porqué.

"EL OESTE"

Materiales: Pegatinas para el juego variante.

Lugar: Pabellón o pista deportiva.

Desarrollo: Los participantes irán deambulando por el lugar del juego con la cabeza agachada. Cuando dos se choquen harán como si desenfundasen sus pistolas, disparando el nombre del contrincante. Quien lo diga antes sigue jugando, el otro queda muerto.

Variantes: Para complicar la cosa cada jugador puede llevar también en una pegatina el nombre de un deporte, y los jugadores tendrán que ser rápidos para visualizar el nombre del deporte, decirlo y seguidamente decir el nombre del compañero.

"LA MANTA"

Materiales: Una manta o un trozo de tela grande.

Lugar: Pabellón o pista deportiva.

Desarrollo: Se divide a los participantes en dos grupos. Cada grupo se pone a un lado de la manta levantada, y se disponen los jugadores en fila, fila uno tras otro.

Al bajarse la manta, las personas que se ven (o sea, sólo los primeros de la fila) deben decir el nombre del que están viendo, antes que lo diga el otro. Quien tarde más se elimina. Gana el grupo que más participantes tenga al final de una ronda.

"SALTEMOS LOS NOMBRES"

Materiales: Neumáticos.

Lugar: Pabellón o pista deportiva.

Desarrollo: Colocamos en el suelo 5 o 6 neumáticos para cada grupo de 5 o 6 personas. Cada grupo se pone detrás de los neumáticos y de uno en uno tiene que ir diciendo, a la vez que pasa por los neumáticos, el nombre de cada uno de los miembros del grupo. Así lo hará cada alumno diciendo el nombre de todos los componentes del grupo.

Variantes: Se pueden saltar los neumáticos por grupos según los deportes favoritos de cada uno y competir unos con otros, ejemplo: el equipo de los que juegan al futbol contra los que juegan al baloncesto...

"LA CUERDA"

Materiales: Una cuerda grande.

Lugar: Pabellón o pista deportiva.

Desarrollo: Cogemos una cuerda grande y los alumnos la aguantan por los dos extremos. Se hacen grupos de alumnos que tengan el mismo nombre. Cuando los alumnos muevan la cuerda y gritan un nombre los que tengan ese nombre tienen que saltar hasta que cambien de nombre, y así deben de hacerlo con todos los nombres de los alumnos de clase.

Variantes: Se puede hacer en lugar de con nombre, por las aficiones deportivas de cada uno.

"EL REPORTERO DEPORTIVO"

Materiales: Un palo con forma de "micrófono"

Lugar: Pabellón o pista deportiva.

Desarrollo: Consiste en que cada uno hace una pequeña entrevista, micrófono en mano, al compañero de la derecha, como si este se tratara de un jugador de futbol profesional, o de baloncesto o cualquier otro deporte, tras lo cual se lo pasará para que éste haga los mimo con el compañero correspondiente. Dependiendo de la edad es bueno que concretemos o no las preguntas (nombre, gustos, procedencia, qué le sugiere o recuerda el lugar donde estamos...). Cuanta más originalidad, mejor. Hay que sacar la parte interesante del entrevistado.

Variantes: Por parejas: estamos unos cinco minutos hablando con el compañero para conocerlo. Después, en grupo, nos presentamos mutuamente ante los demás.

"LA AGUJITA AMIGA"

Materiales: Una aguja.

Lugar: Pabellón o pista deportiva.

Desarrollo: Cada participante, sosteniendo entre el índice y pulgar de la mano derecha una aguja imaginaria, tiene el siguiente diálogo con su compañero/a de la derecha:

Hola, me llamo... (su nombre) y aquí tengo una agujita.

¿Tiene agujero tu agujita?

Sí, tiene agujero y puntita, toma (y le pasa la aguja imaginaria).

Este diálogo lo van teniendo sucesivamente todos los compañeros de la derecha, pasándose la "agujita" hasta llegar al último. Lo divertido del juego es la siguiente norma: ni al que sostiene la aguja, ni al que la va a recibir, se les puede ver, en ningún momento del dialogo, los dientes, que tienen que estar completamente cubiertos por los labios. Son graciosas las caras que se ponen para aguantar la risa y que los dientes no se vean.

"ABRAZAR EL ARBOL"

Materiales: Estar cerca de un árbol o una farola, algo a lo que agarrarse.

Lugar: Pabellón o pista deportiva.

Desarrollo: vamos andando libremente por la instalación donde nos encontremos, el profesor gritará un número (o lo trasmite dando pitidos con un silbato). Rápidamente tenemos que hacer grupos de ese número de componentes, dándonos la mano alrededor de un árbol, farola... abrazándolo. Entonces nos presentamos entre los que estemos entorno al árbol, farola... A otra señal nos soltamos y continuamos andando, hasta que se grite otro número, repitiendo sucesivamente los abrazos y presentaciones. Hay que intentar juntarnos cada vez con personas diferentes y que no conozcamos previamente.

"LA VARITA MÁGICA"

Materiales: Una varita.

Lugar: Pabellón o pista deportiva.

Desarrollo: Consiste en que cada alumno vaya diciendo el apellido de sus compañeros. Todos los participantes deben formar un círculo. Entonces, se sientan en el suelo y tienen que ir diciendo los apellidos para que el resto puedan acordarse. Se pueden hacer una, dos o tres rondas, las que se consideren necesarias y suficientes para que todos se acuerden de los apellidos. Los jugadores se levantan y se escoge a un voluntario, que será "Harry Potter", el alumno que posee la varita. Harry P. se sitúa en medio del círculo y empieza a girar con los brazos en alto apuntando a los que están en el círculo exterior. Cuando quiera, puede parar de dar vueltas. Su varita señalará a alguien. Este alguien debe agacharse inmediatamente. El jugador que está a su izquierda y el jugador que está a su derecha se tienen que girar para mirarse el uno al otro y han de intentar decir tan rápido como puedan el apellido del elegido por Harry. El que lo diga más rápido, gana y se convierte en mago

"EL DADO QUE QUEMA"

Materiales: Un dado de goma espuma.

Lugar: Pabellón o pista deportiva.

Desarrollo: Consiste en autopresentarse indicando, además del nombre, unos datos básicos por medio de un dado que se va lanzando entre las/os participantes del grupo Debe hacerse lo más rápido posible. El dado está muy caliente y quema. En círculo, sentados o de pie. El profesor/a explica que la persona que reciba el dado tiene que darse a conocer, diciendo: el nombre, su mascota, su comida preferida, su mejor amigo. Inmediatamente terminada la presentación se lanza el dado a otro compañero que continúa el juego.

Variantes: el dado se deja caer en los pies del compañero y tiene que decir tantas cosas relacionadas con el deporte como marque la cara del dado que queda hacia arriba.

"EL PALO"

Materiales: Un palo más o menos liso.

Lugar: Pabellón o pista deportiva.

Desarrollo: Juego apropiada para recordar los nombres tras habernos presentado. En el centro uno sostiene un palo de pie sobre el suelo. Grita: "¡Árbol va fulanito!" diciendo el nombre de un compañero o compañera y lo suelta corriendo a ocupar el sitio del nombrado o nombrada quien debe correr al centro y coger el palo antes de que caiga al suelo. Si lo consigue, sigue nombrando al que estaba, si no, se la queda. Hay que intentar no repetir siempre los mismo nombres (se puede obligar a que cada vez se diga uno diferente).

Variante: si se quiere complicar el juego se puede hacer que los que estén alrededor estén sentados.

"LA ESCOBA DE LA BRUJA"

Materiales: una escoba.

Lugar: Pabellón o pista deportiva.

Desarrollo: El jugador que recibe la escoba tiene que decir su nombre de pila, de dónde es y lo que le guste mucho. Todo esto lo deben de hacer muy rápido porque la escoba está embrujada y saldremos volando como las brujas. Luego deben pasar la escoba al compañero que está a su lado y este debe hacer lo mismo.

Variantes: pueden decir el día de su cumpleaños, la calle dónde viven y su comida preferida.

9.4. JUEGOS CON PELOTAS

"JUGUEMOS CON LA PELOTA"

Materiales: Un aro y pelotas.

Lugar: Pabellón o pista deportiva.

Desarrollo: Un compañero sostiene un aro, el resto tiene una pelota cada uno. El que sostiene el aro dice una letra y los niños cuyo nombre contiene la letra que ha dicho su compañero, tienen que lanzar la pelota dentro del aro.

Variantes: Una vez que los niños se hayan aprendido los nombres, se dirá en lugar de la letra, el nombre de cada niño, repitiendo la misma acción explicada arriba.

"PASA LA PELOTA"

Material: una pelota u otro objeto que se pueda lanzar.

Lugar: Pabellón o pista deportiva.

Desarrollo: Los jugadores se ponen de pie formando un círculo, menos uno que se queda en el centro con una pelota en la mano. Todos dicen su nombre uno a uno. Posteriormente el que se encuentra en el centro le tira la pelota a uno de los que se encuentran alrededor de él, por lo que el grupo deberá decir al unísono cual es el nombre del que tiene el balón, a la vez que el grupo deberá rodear a la persona que posea el balón. Si el grupo no conoce el nombre del miembro que posee el balón, éste puede mandar al grupo hacer una acción que el quiera: andar en círculo, sentarse en el suelo, andar en círculo a cuatro patas... y le dice al grupo cual es su nombre. Posteriormente se reanuda el juego colocándose otro miembro del grupo en el centro.

Variantes: Se les puede decir a los niños que digan cuando les toca, para que sirve una pelota y luego entre todos recordar el nombre de los compañeros y lo que han dicho.

"LA PELOTA VOLADORA"

Materiales: Una tiza para pintar un círculo en el suelo y una pelota.

Lugar: Pabellón o pista deportiva.

Desarrollo: Se traza una circunferencia de amplio diámetro en el suelo, y todos los jugadores se agrupan fuera de ella. En el centro queda sólo un jugador.

Éste lanza la pelota hacia arriba y llama a uno de los jugadores saliendo del círculo. Quien ha sido llamado debe entrar, evitar que caiga al suelo y volver a llamar a otro compañero.

Variantes: También se puede utilizar en lugar de una pelota, otro objeto que se pueda lanzar fácilmente y sin peligro.

"INICIALES"

Materiales: Pelotas de baloncesto u otras que boten.

Lugar: Pabellón o pista deportiva.

Desarrollo: Consiste en que todos los jugadores se muevan libremente por el espacio de juego botando una pelota mientras van caminando lentamente. Todos los jugadores se desplazan por el terreno de juego con la pelota y cuando el profesor grita "ya" los jugadores intentan agruparse lo más rápidamente posible según la inicial de su nombre. Para ello, cada jugador irá diciendo su nombre y botando la pelota y buscará a otro jugador que tenga su misma inicial. Cuando se juntan, se dicen su nombre y buscan juntos a otros jugadores que tengan también esa inicial. Cuando encuentran a otro jugador vuelven a decirse los nombres.

Variantes: El profesor puede cambiar la forma de agruparse eligiendo la inicial de distintos deportes.

"CULINPANDEA"

Materiales: Una pelota grande.

Lugar: Pabellón o pista deportiva.

Desarrollo: Todos los alumnos estarán en círculo de espaldas a los compañeros. Habrá una pelota grande que tendrán que ir pasando con el culo tras presentarse. El que la recibe tendrá que presentar de nuevo al lanzador y a sí mismo y volver a pasar la pelota, así hasta que todos los alumnos queden presentados.

Variantes: Se podrá decir además del nombre, el apellido y su deporte favorito.

"EL BOTE COMPAÑERO".

Materiales: una pelota

Lugar: pabellón, gimnasio o pista exterior

Desarrollo: Los alumnos colocados en corro. El alumno que recibe la pelota tiene que decir el nombre de otro compañero al que se la lanzará con un bote. Nunca se podrá repetir compañero para que así todos los compañeros reciban o lancen una vez la pelota.

"PASAR EL MICRÓFONO".

Materiales: una pelota

Lugar: pabellón o gimnasio

Desarrollo: Los alumnos sentados en círculo. La pelota actúa como un micrófono, y cada alumno debe interesarse por el nombre del compañero que tiene a ambos lados. A continuación los niños se van pasando el micrófono (pelota), sin importar el orden, y el que tenga la pelota ha de presentar a sus dos compañeros al resto del grupo.

Variantes: pueden hacer lo mismo pero con nombres de deportes deportistas etc.

"TIRA EL BALON"

Materiales: Pelotas.

Lugar: Pabellón o pista deportiva.

Desarrollo: Cada alumno coge un balón y de un extremo a otro tiene que ir botando el balón hasta llegar a la canasta. Cuando llega tira le balón y dice su nombre a la vez de tirar el balón en la canasta. Seguidamente el compi que va detrás toma el nombre del compi que a tirad el balón y así sucesivamente hasta que se digan todos los nombres o por lo menos 5 o 6.

Variantes: Se puede realizar el mismo proceso dicho anteriormente pero con el fútbol como deporte. Cada vez que meta un gol, el que va detrás dice el nombre del compañero y así sucesivamente.

"BOTANDO EL NOMBRE"

Materiales: Pelotas.

Lugar: Pabellón o pista deportiva.

Desarrollo: Dividimos la clase en dos grupos. Cada grupo se pone en un extremo del gimnasio con una pelota en cada grupo. Sale un alumno votando y diciendo su nombre. Cuando llegue al otro y vota diciendo su nombre. Así seguirán sucesivamente hasta que todos digan su nombre y los demás aprendan cómo se llama cada compañero.

Variantes: Se puede decir además del nombre, el deporte favorito de cada uno.

"EL CÍRCULO DORADO"

Materiales: Una pelota.

Lugar: Pabellón o pista deportiva.

Desarrollo: Todos los niños deben de ponerse en círculo excepto uno que se la tiene que quedar: La profesora dice un nombre y el que tiene la pelota debe de tirársela, si acierta se pone en el círculo y se la queda otra persona, pero si este falla es eliminado.

Variantes: Se puede realizar el juego diciendo cada uno su nombre y su deporte favorito, así se complicaría la actividad.

9.5. JUEGOS CON LÁPICES, BOLÍGRAFOS, PAPEL

"QUE TE GUSTA"

Materiales: Bolígrafos y hojas de papel.

Lugar: Pabellón o pista deportiva.

Desarrollo: Cada alumno con una hoja de papel y un lápiz, escriben en cada esquina de la hoja datos como: comida que más te gusta, asignatura que más te gusta, que te gusta hacer en educación física y actor o actriz preferida. En el centro de la hoja una interrogación. Cuando todos los alumnos tienen la hoja rellena, el profesor las recoge, las mezcla y las reparte aleatoriamente, a partir de ahí tienen que buscar al dueño de la hoja haciendo las preguntas referidas a los datos colocados en la hoja, cuando el compañero es encontrado se escribe el nombre en el centro de la hoja.

Variantes: el profesor cuando todos han sido encontrados puede hacer preguntas como: ¿Os acordáis a que alumnos les gusta el huevo frito con patatas? Etc,etc.

"EL BOLI GIRA"

Materiales: Un bolígrafo.

Lugar: Pabellón o pista deportiva.

Desarrollo: Sentados en círculo, en una primera vuelta cada uno se presenta y dice su nombre, una característica personal positiva y su deporte favorito. En la segunda vuelta, se girará el bolígrafo para que al señalar a un jugador diga el nombre y la característica de otra persona. El objetivo no es que todos hablen, sino que se nombre una cualidad y el nombre de todos los integrantes del grupo.

Variantes: además de la característica personal decimos el nombre de un deporte acuático.

"LOS PETOS"

Materiales: petos de colores, papel o números

Lugar: Pabellón o pista deportiva.

Desarrollo: Los alumnos repartidos por todo el espacio de cuatro en cuatro llevaran petos del mismo color, el profesor a una señal dará pautas como: los amarillos corren a presentarse con los rojos y los verdes con los azules, así hasta que todos los colores se han encontrados unos con otros. Al acabar y haberse presentados unos a otros, el profesor hará preguntas como: ¿ Os acordáis de cómo se llaman los compañeros que tenían los petos amarillos? ¿ Y los verdes? Etc.

Variantes: se les pega a los petos números y los alumnos tendrán que relacionar ese número con algún aspecto del deporte, por ejemplo: Carlos tenia un peto amarillo y llevaba el 5 y cinco son los jugadores de un equipo de baloncesto.

"ADIVINA, ADIVINANZA..."

Materiales: Papel o cartulinas y lápices.

Lugar: Pabellón o pista deportiva.

Desarrollo: se agrupa a la clase e parejas y tienen tres o cuatro minutos para conocer algún dato sobre el otro sin hablar, ni escribir. Esto les obligará a hacer gestos o a dibujar... pero eso ha de pensarlo ellos mismos. Después de este tiempo se vuelven a juntar todo el grupo y cada uno tiene que decir a los demás lo que ha descubierto del otro. La mala interpretación de los gestos conducirá a la risa y a sentirse en un ambiente de simpatía general.

Variantes: Esto se puede realizar para adivinar el deportista favorito del compañero.

"EL SEMÁFORO"

Materiales: Círculos de papel de colores.

Lugar: Pabellón o pista deportiva.

Desarrollo: Todos los niños están dentro de un espacio delimitado para que no se dispersen. Se colocan por parejas y bailan al ritmo de la música. Se le explica las características de los tres colores iniciales que serán los del semáforo. El rojo será pararse en seco y presentarse. El verde bailar al ritmo de la música. El amarillo que cambian de pareja y presentarse de nuevo. Se irán intercalando los colores de forma que tendrán que ir haciendo lo que se indique.

Variante: Poco a poco se irá dificultando añadiendo nuevos colores con nuevas acciones.

Azul: Tendrán que coger a su pareja en borricates.
Naranja: Uno pasa por debajo de las piernas del compañero.
Morado: Bailan todos juntos.
Amarillo: harán mímica de su deporte favorito...

"NOMBRES COMPLETOS"

Materiales: Tarjetas y alfileres.

Lugar: Pabellón o pista deportiva.

Desarrollo: Unos doce participantes forman un círculo y cada uno de ellos se prende en el pecho una tarjeta con su nombre. Se da un tiempo prudencial para que cada cual trate de memorizar el nombre de los demás compañeros. Al terminarse el tiempo estipulado, todo el mundo se quita la tarjeta y la hace circular hacia la derecha durante algunos minutos, y se detiene el movimiento. Como cada persona se queda con una tarjeta que no es la suya, debe buscar a su dueño y entregársela, en menos de diez segundos. El ejercicio continúa hasta que todos los participantes se aprendan los nombres de sus compañeros.

Variantes: Para complicar el ejercicio se pueden colocar dos tarjetas una con el nombre, y otra con un deporte a cada uno, así deben de memorizar más cosas y tendrán un mayor vocabulario deportivo.

"EL PLUMERO"

Materiales: Hojas de papel.

Lugar: Pabellón o pista deportiva.

Desarrollo: Se hace un círculo entre todos los compañeros y en el centro se coloca uno con un plumero hecho con hojas de papel. Uno dirá un nombre y el del plumero le tendrá que dar con él antes de que otro compañero diga otro nombre. Así sucesivamente. Al que le dé antes de decir otro nombre la queda de plumero en medio del círculo.

Variantes: Se dirá el nombre y el deporte favorito de la persona a la que se le dé, en el caso de que falle se le dará con el plumero en la cabeza y esa persona se la quedaría.

"EL TEST"

Materiales: Papel y bolígrafo.

Lugar: Pabellón o pista deportiva.

Desarrollo y reglas: Se les da un papel con unas instrucciones que tienen que cumplir en el menor tiempo posible.

Busca un compañero que su nombre coincida en la primera letra con la primera letra del tuyo.

Consigue la firma de 5 compañeros.

Pregúntale el nombre de su mejor amigo a alguien que lleve los zapatos del mismo color que tu.

Busca algún compañero que haya nacido el mismo mes que tu.

Busca algún compañero que su deporte favorito sea el mismo que el tuyo y pregúntale por qué.

Busca un compañero con el mismo número de zapato que tu y cambiaros los zapatos.

Busca un compañero que tenga el mismo número de hermanos que tu.

Busca un compañero que tenga tu mismo color de pelo.

"FICHA DE CONOCIMIENTO"

Materiales: Papel y lápiz.

Lugar: Pabellón o pista deportiva.

Desarrollo: Se ponen los jugadores en parejas. Se reparte a cada uno una ficha con preguntas para entrevistar a su compañero: cómo se llama, cómo le llaman, donde nació, donde vive, sus aficiones, su deporte preferido, si lo practica o no, sus sueños, etc. Conviene meter alguna pregunta más indiscreta para dar emoción al juego. Después se hace una ronda donde cada uno presentará a su compañero a los demás.

"EL MAPA"

Materiales: Papel y lápiz.

Lugar: Pabellón o pista deportiva.

Desarrollo: Cada alumno hace un mapa de la clase, debe poner donde está la pizarra, los pupitres, la mesa del profesor, la papelera... en el mapa se señala donde está el poniendo su nombre.

El profesor los recoge todos y los entrega bocabajo al azar uno a cada alumno.

A la señal del profesor debe levantar el papel y situarse en el lugar del compañero que estaba situado allí anteriormente.

Variantes: se puede realizar el mapa de la clase, del pabellón del patio de la clase... Según el lugar donde se encuentren realizando la actividad.

"EL BINGO"

Materiales: Papeles y lápices.

Lugar: Pabellón o pista deportiva.

Desarrollo: En un papel se pondrán el nombre de 9 compañeros, 3 por cada fila y columna. El profesor irá diciendo nombres al azar y los alumnos a la vez tienen que ir tachando los nombres. El primero que consiga tachar 3 nombres de la misma fila ganará un punto y el que consiga tachar los 9 ganará 3.

Variantes: Los niños pueden poner también sus aficiones deportivas y se podrán poner al lado de cada nombre.

"FORMAMOS PALABRAS"

Materiales: Pegatinas y lápices.

Lugar: Pabellón o pista deportiva.

Desarrollo: Todos los alumnos van andando por el gimnasio con la inicial de su nombre en una pegatina. Los alumnos tienen que ir formando palabras con la inicial de cada nombre. Cuando formen la palabra se quitan la pegatina y los demás alumnos tienen que adivinar la palabra que se ha formado.

Variantes: Además de sus nombres pueden formar el nombre de su deporte preferido.

"LA EXPOSICIÓN"

Materiales: Pegatinas y lápices.

Lugar: Pabellón o pista deportiva.

Desarrollo: Se hacen grupos pequeños, 4 ó 5 alumnos. Estos se dispondrán en una fila (cada alumno tiene una pegatina con su nombre), en orden durante 20 segundos, a la vez que el otro grupo se fija en su orden y sus nombres Cuando el tiempo acabe, "la exposición" cambia su orden mientras que los otros están de espalda. Estos tendrán que ordenar por nombre de nuevo a la vitrina. Pasados los 20 segundos la vitrina se quitará la pegatina para complicar el trabajo a los compañeros).

Variantes:

"DÓNDE ESTÁ MI PAREJA"

Materiales: Corazones, círculos, cuadrados de cartulina de colores.

Lugar: Pabellón o pista deportiva.

Desarrollo: Se cortará por la mitad pero se hará de forma diferente y original para cada uno de ellos. Al comenzar todas las mitades de cartulina estarán en el centro del pabellón y cada alumno cogerá una. Cuando la maestra dé la señal cada uno tendrá que buscar la otra mitad que encaja con la suya. Una vez que la haya encontrado tendrá un minuto para presentarse y hablar con su pareja. Tras este minuto volverán a repartirse las mitades y volveremos a empezar.

Variantes: en una mitad se pone el nombre de un deporte y el implemento que se utiliza para jugarlo. Se mezcla todo y a la señal tienen que coger cada uno una mitad y buscar la complementaria.

"BUSCA Y ENCUENTRA"

Materiales: Folio con preguntas.

Lugar: Pabellón o pista deportiva.

Desarrollo: A cada niño se le da un folio con preguntas (Edad, mes en que naciste, aficiones, color favorito, nombre...), que tendrá que ir rellenando. Para ello, andarán por todo el espacio buscando a compañeros que hayan nacido el mismo mes que ellos, que tengan la misma edad, que se llamen igual,... Una vez que encuentran a alguien que coincide con ellos, deberán presentarse para ir conociéndose.

Variantes: En lugar de buscar a aquellos que hayan nacido en el mismo mes, se puede preguntar y hablar con todos para que se vayan conociendo mejor.

"CARTA A LOS REYES"

Materiales: Lápiz y papel.

Lugar: Pabellón o pista deportiva.

Desarrollo: Los niños se colocan en círculo sentados. Los niños deben escribir en un papel lo que les gustaría ser de mayores presentando varias razones de ello. Uno de los alumnos reunirá todos los papeles y uno a uno los irá leyendo para que los niños hagan todo lo que dicen en cada papel, los alumnos deben averiguar el nombre del alumno que ha escrito el papel.

Variantes: el profesor podrá introducir algún cambio proporcionándole más información sobre sus compañeros como datos familiares, gustos en relación con la comida la televisión etc....

Variantes: toda la información que den los alumnos tienen que estar relacionado con los deportes y todo lo relacionado con ello.

"PALABRAS COMPUESTAS"

Materiales: carteles con las palabras compuestas escritas.

Lugar: Pabellón o pista deportiva.

Desarrollo: Consiste en dar a cada alumno un cartelito donde pone la mitad de una palabra compuesta. Una vez repartidos los carteles dispersamos a los niños por todo el gimnasio. Una vez que suena el silbato tendrán 30 segundos para completar la palabra correctamente. Ya unidas las palabra y parejas correspondientes podrán conocerse durante unos minutos, para tener más datos de cada compañero.

Variantes: Se podrían hacer carteles con palabras antónimas para que cada alumno busque la palabra contraria de la que obtenga.

9.6. JUEGOS CON GLOBOS

"EL GLOBO PERDIDO"

Materiales: Globos y bolígrafos.

Lugar: Pabellón o pista deportiva.

Desarrollo: Cada alumno coge un globo y escribe su nombre en él. Se ponen en el centro de las pistas. Seguidamente cada alumno coge un globo y tiene que darle el globo a la persona que se llame como el nombre que está escrito en él.

Variantes: En lugar de globos, podemos utilizar folios y nombres relacionados con el deporte.

"EL GLOBO VOLADOR"

Materiales: Varios globos.

Lugar: Pabellón o pista deportiva.

Desarrollo: El grupo debe mantener en el aire el globo. Cada vez que un jugador golpee el globo para elevarlo, la persona debe de decir su nombre. Un jugador no debe golpear dos veces consecutivas el globo, a menos que éste vaya a caer.

Variantes: Una variante puede ser que los jugadores no sólo griten su nombre, sino también el deporte que practiquen, sino practican ninguno, su afición. Para lograrlo el jugador puede darle los golpes necesarios al globo para entregárselo a la persona mencionada.

9.7. JUEGOS CON PAÑUELOS Y CINTAS

"¿QUIÉN FALTA?"

Materiales: Pañuelos.

Lugar: Pabellón o pista deportiva.

Desarrollo y reglas: Se colocarán todos los compañeros alrededor del profesor. Les dirá que todos tienen que estar atentos y fijarse bien en sus nuevos compañeros. Se taparán los ojos y tendrán que ir moviéndose dentro de un pequeño espacio señalado. El profesor le indicará a uno de ellos que tiene que salir de la clase. Una vez que éste está afuera y el resto de los compañeros se han movido bastante, el profesor les dice que abran los ojos y descubran cuál es el compañero que falta.

"CINTAS DE COLORES"

Materiales: cintas de colores.

Lugar: Pabellón o pista deportiva.

Desarrollo: Todos los participantes llevan una cinta de color con su nombre colgada en el pantalón por detrás. Tienen que ir corriendo e intentar quitarle la cinta a los otros compañeros sin que se la quiten a él mismo. Así hasta que el profesor manda parar. Se hace el recuento de las cintas conseguidas leyendo el nombre del alumno que la tenia, por ejemplo: yo soy Fernando y he cogido cuatro cintas, una roja de Carlos (y Carlos levanta la mano) otra amarilla de Laura, otra roja de María, y así hasta que todos los alumnos hagan su recuento.

Variantes: Una variante es que además del nombre del alumno también se escribirá el nombre de un deportista.

"LOS INSPECTORES"

Materiales: Pañuelos azules y rojos, y pegatinas con los nombres de los alumnos.

Lugar: Pabellón o pista deportiva.

Desarrollo: Los jugadores se reparten en dos equipos de igual número los dos: uno será el rojo y otro el azul. En cada equipo tiene que haber "inspectores" y "camuflados", y todos deberán de llevar su nombre debajo del jersey.

El inspector de un equipo tiene que averiguar quiénes son los camuflados del otro y tiene que decir su nombre y si acierta éste es prisionero; pero para liberarlo deberá de ir uno de su equipo ya sea inspector o camuflado y tiene que escribir tres veces el nombre suyo y del que está prisionero.

Variantes:

"EL TANTEO"

Materiales: Un pañuelo.

Lugar: Pabellón o pista deportiva.

Desarrollo: El profesor deja cinco minutos para que se observe a los compañeros, después dirá el nombre uno por uno.

Tras esto se le vendarán los ojos a un compañero y se saca a otro compañero, tocándolo debe averiguar quién es.

Variantes: También se puede reconocer a los compañeros según su voz, para ello deberán de haberlo dicho anteriormente uno por uno en voz alta.

"EL LAZO"

Materiales: Pañuelos.

Lugar: Pabellón o pista deportiva.

Desarrollo: cada jugador dispone de un pañuelo. Estos van andando por el gimnasio presentándose a los demás, tienen que ir buscando nombres que empiecen por la misma letra y unir los pañuelos haciendo lazos. Cuando el tiempo acabe, se preguntará la inicial de cada grupo, si hay alguno que pertenece a ese lazo y no está unido, ese grupo perderá tendrá que decir en alto el nombre de todos los componentes de ese grupo cuando acabe, cada grupo tendrá que repetir los nombres de los componentes de otros grupos.

Variantes: El profesor dará a cada alumno nombre que este relacionado con el deporte la educación física etc., y los alumnos tendrán que buscarse y unirse coincidiendo con la misma inicial.

"LA GALLINITA PREGUNTA"

Materiales: Un pañuelo.

Lugar: Pabellón o pista deportiva.

Desarrollo: Todos sentados en círculo excepto uno que se la queda que tendrá los ojos vendados. Al alumno que tiene los ojos vendados le damos vueltas como a la gallinita ciega, y éste comenzará a andar hasta que encuentre a un compañero. Tiene que preguntarle cuáles son sus aficiones, dónde vive... y éste le contestará. Si la gallinita acierta de quién se trata, intercambian los papeles, si no lo acierta seguirá de gallinita.

Variantes: todo lo que pregunte tiene que estar relacionado con el mundo del deporte, pasado un tiempo tienen que intentar recordar todo lo que puedan de lo dicho por los compañeros.

"ADIVINA QUIEN HABLA"

Materiales: Un pañuelo.

Lugar: Pabellón o pista deportiva.

Desarrollo: Todos los alumnos estarán sentados formando un círculo menos uno que estará en el centro con los ojos vendados. El juego consiste en adivinar qué alumno es el que habla.

Variantes: Un alumno del círculo dice el nombre del que está en el centro y éste tiene que acertar quién lo llamó.

Un alumno del círculo dice su propio nombre y el del centro debe adivinar quién es este compañero

"LA PIZARRA DEPORTIVA"

Materiales: Un pañuelo.

Lugar: Pabellón o pista deportiva.

Desarrollo: Todos los alumnos en círculo menos uno, que tendrá los ojos vendados, se coloca en el centro del círculo y hace de "pizarra". El profesor elige a un alumno del círculo que tendrá que "pintar" su nombre en la espalda del que se la queda en el centro. Éste tendrá que adivinar el nombre que le escriben en la espalda para saber de qué compañero se trata. Si lo adivina, el que ha escrito, pasa a ser pizarra; si no es así, seguirá de pizarra hasta que lo adivine.

Variantes: Se puede escribir en la espalda del compañero, el nombre y el deporte favorito del alumno.

9.8. JUEGOS CON AROS

"VAMOS A PESCAR"

Materiales: Un aro.

Lugar: Pabellón o pista deportiva.

Desarrollo: Un jugador se la queda y hará de pescador, éste lleva un aro y tendrá que ir cogiendo a los compañeros que serán los peces. Para coger a los compañeros tendrá que meterlos en el aro. Cuando coja a algún compañero tendrá que decir su nombre. Si acierta tendrá un pez, así tantos peces como pesque. Si falla se le resta un pez. Cada pescador tendrá un minuto de tiempo y se cambiará con otro alumno. Gana quien más peces llegue a pescar.

Variantes: Se puede jugar con más aros, así cada vez que se pesque a un compañero este será pescador y así hasta que sólo quede una persona que sea pez.

"PRECAUCIÓN AMIGO CONDUCTOR"

Materiales: Aros para toda la clase.

Lugar: Pabellón o pista deportiva.

Desarrollo: Cada alumno cogerá un aro a modo de volante. Las calles serán las líneas del gimnasio, por donde tendrán que andar los alumnos. Si dos conductores coinciden, para no atropellarse, tendrán que decir sus nombres y así podrán cambiar el sentido de la marcha, si no aciertan no podrán cambiar el sentido y chocarán.

Variantes: Algunos de los alumnos podrán ser semáforos y señales para estar pendientes de que los niños cumplen con las normas viales, y que se saben sus nombres.

"BUSCA A TU PAREJA"

Materiales: Aros, pañuelos de colores, globos, disco volador.

Lugar: Pabellón o pista deportiva, gimnasio.

Desarrollo: Consiste en que los alumnos busquen parejas y vayan cambiando de pareja para conocer así a todos los compañeros de la clase. Los alumnos comienzan a desplazarse con un aro, puede ser bailándolo o haciendo algún ejercicio con este. A la señal del profesor buscan una pareja y se presentan y además se intercambiaran los aros, luego siguen andando con los aros pero recordando a esa pareja como la número 1. A otra señal buscan otra pareja y repiten el procedimiento numerando a las parejas en orden (1, 2, 3, etc.). Por último el profesor irá diciendo números que corresponden a las parejas y cada uno tendrá que buscarla y decir su nombre.

Variante: se puede hacer con otros materiales como: globos, disco volador, pañuelos de colores, etc.

"LA CADENA DE NOMBRES"

Materiales: Se utilizarán aros y un cono.

Lugar: Pabellón o pista deportiva.

Desarrollo: Consiste en auto presentarse al tiempo que se trata de recordar el nombre de todos los del grupo. Sentados en círculo con un cono en el centro, un componente del grupo comienza diciendo su nombre a la vez que lanza un aro al cono y el siguiente a su izquierda debe decir el nombre de su compañero anterior y el suyo y lanzar un aro, también. Y así, sucesivamente, hasta llegar al profesor que será el último y el encargado de repetir todos los nombres seguidos. Al acabar el juego en el cono habrá tantos aros como alumnos más el del profesor.

9.9. JUEGOS CON PICAS

"LA PICA COLORINA"

Materiales: Música bailable y una pica de color.

Lugar: Pabellón o pista deportiva.

Desarrollo: la clase dividida en parejas menos un compañero que tendrá una pica de color. Cuando comience la música las parejas se presentan bailando y el alumno que tiene la pica da vueltas por la clase. Pero cuando la música pare todos deben buscar una nueva pareja y el alumno que tenía la pica, que la dejará en el suelo). Como el grupo es impar el alumno que se quede sin pareja deberá coger la pica y el juego volverá a empezar y la música sonará otra vez...Cuando el juego termina el profesor preguntará si se acuerdan de los nombres de las parejas y tendrán que decirlo en voz alta.

Variantes: Los grupos pueden ser de 4 o 6 alumnos.

10.- CONCLUSIONES SOBRE LOS JUEGOS

Podemos decir que estos juegos se han puesto en práctica por los alumnos de 1º de la especialidad de Primaria en las clases impartidas por ellos en el periodo de prácticas y todos coinciden en varios aspectos básicos:

Hemos aprendido que los juegos de presentación ayudan a los niños, o incluso a los adultos, de una forma amena y divertida a conocer a los nuevos compañeros.

- Son muy útiles para niños muy tímidos y vergonzosos a los que les cuesta adaptarse a un nuevo grupo.
- Estos juegos estimulan la memoria.
- Su objetivo es que los niños intenten recordar, entre otras cosas, los nombres de los compañeros.
- Fundamental para el desarrollo de las capacidades del niño.
- Y que de una forma amena se diviertan conociendo a los demás.
- El maestro de primaria debe educar a los niños en un mundo de igualdad, de respeto, de tolerancia...y la labor del maestro de educación física es inculcar dichos valores a través de juegos y otras actividades que exigen mucho trabajo, tanto físico como intelectual.

11.- BIBLIOGRAFÍA.

- Cañeque, H; (1991). El juego del juego. El Ateneo. Buenos Aires. Garvey, C; (1985). El juego infantil, Morata, Madrid.
- Chinchilla Minguet, J.L.; Alonso Ballesteros, J. *(1998)*, "Educación Física en Primaria. Segundo Ciclo 1", Editorial CCS, Madrid.
- Chinchilla Minguet, J.L.; Valdivia Núñez, R.,*(1998)*, "Educación Física en Primaria. Segundo Ciclo 3", Editorial CCS, Madrid.
- Chozas Palomino, J y cols (1998). "Desarrollo curricular de Educación Física". Editorial Escuela Española, Madrid
- Delegación Nacional de Educación Física y Deporte, *(1988)*, "Guía Didáctica del Área de la Expresión Dinámica". Delegación Nacional de Educación Física y Deporte, Madrid.
- Departamento de Educación Física del Instituto de Enseñanza Secundaria "Las Abiertas" *(2001)*, "Juego y Educación Física", edita el propio IES "Las Abiertas", Jerez de la Frontera.
- Durán Delgado, C etc.... (1991): "1000 ejercicios y juegos aplicados a las actividades corporales de expresión". Paidotribo. Barcelona.
- Fernández Pozar, F. (1992)."Juegos y Educación Física, departamento de las Abiertas-Jerez". Guadalcacín. Jerez.
- Fernández Sánchez, M.T. (2010) "No lo tires, juguemos". Ed/ Wanceulen. Sevilla
- González Millán, C. (1987): "Juegos y Educación Física". Ed/ Alhambra.
- Jabato García, J. (2001) "Ficheros de juegos de Educación Física y Educación Primaria". Cádiz
- Juegos practicados en los scouts en los años 2003, 2004 y 2005. Rota
- Martín Puche, A.; Chinchilla Minguet J.L.; Rizo Bonilla, P.,*(1998)*, "Educación Física en Primaria. Segundo Ciclo 2", Editorial CCS, Madrid.
- Mazón Cabo, V y otros.(2007). "Preparación de la Educación Física en Primaria".
- Moyles, J.R. *(1995)* "El Juego en la Educación Infantil y Primaria", Editorial Morata SL, Ministerio de Educación y Cultura (Gobierno de España), Madrid.
- Romero Rosales, V ; Gómez Vidal, M. (2008) "El juego infantil y su metodología". Editorial Altamar, S. A, Barcelona.
- "Técnicas de Presentación (Módulo de Animación Sociocultural)". (2006/2007). Cádiz

www.ingramcontent.com/pod-product-compliance
Lightning Source LLC
Chambersburg PA
CBHW070921180426
43192CB00038B/2147